清末民初文獻叢刊

舒藝室續筆
舒藝室餘筆

［清］張文虎 撰

朝華出版社
BLOSSOM PRESS

圖書在版編目（CIP）數據

舒藝室續筆 ; 舒藝室餘筆 / （清）張文虎撰. -- 北京 : 朝華出版社, 2018.7
（清末民初文獻叢刊）
ISBN 978-7-5054-4269-6

Ⅰ. ①舒… Ⅱ. ①張… Ⅲ. ①史籍－研究－中國 Ⅳ. ①K204

中國版本圖書館CIP數據核字(2018)第102717號

舒藝室續筆　舒藝室餘筆

作　　者　[清]張文虎

選題策劃　楊麗麗　尚論聰
責任編輯　胡　泊
特約編輯　秦錦霞
責任印制　張文東　陸競嬴
封面設計　劉敬偉

出版發行　朝華出版社
社　　址　北京市西城區百萬莊大街24號　　**郵政編碼**　100037
訂購電話　（010）68996618　68996050
傳　　真　（010）88415258（發行部）
聯系版權　j-yn@163.com
網　　址　http://zhcb.cipg.org.cn
印　　刷　藝堂印刷（天津）有限公司
經　　銷　全國新華書店
開　　本　880mm × 1230mm　1/32　　**字　　數**　58千字
印　　張　8
版　　次　2018年7月第1版　2018年7月第1次印刷
裝　　別　精
書　　號　ISBN 978-7-5054-4269-6
定　　價　60.00元

出版前言

中國自一八四〇年鴉片戰爭以來，傳統的農業文明在西方的堅船利炮轟擊之下徹底被顛覆，有擔當的知識分子苦苦追尋，思索社會改革的途徑。從最初的『師夷長技以制夷』到『民主制度，天下之公理』（梁啓超語），他們發現要『强國富民』，首先要『開啓民智』，衹有民衆擁有了獨立思想和批判精神，國家纔能實現真正的强大。在此後一百年的時間裏（一八四〇—一九四九），思想者們從社會變革深入到國民性的改造，用每一部作品見證着中國近代化的遞變歷程。這是一個極其重要的時代，《清末民初文獻叢刊》正是收録了這一時期的作品，大部分書籍都是早期版本，有着極高的文獻研究價值。

清末的中國經歷了『三千年來未有之大變局』（李鴻章語），大清王朝面對西方列强的艦炮，表現得驚慌失措。尤其是鴉片戰爭，使『天朝帝國萬世長存的迷信受到了致命的打擊，野蠻的、閉關自守的、與文明世界隔絶的狀態被打破了』（《馬克思恩格斯選集》）。一批士大夫知識分子，尤其是在歐美諸國擔任使臣或者游歷的知識分子最先覺醒，着眼于對西方國家的考察，進而反省本國政治制度的劣勢，可以視作『啓蒙』的端倪。如曾擔任駐英公使（兼任駐法公使）的郭嵩燾在《使西紀程》中以日記的形式記録了自己對歐西諸國的觀感，他在考察了英國的政治制度之後，發現英國政府官員收入超過三百磅者與普通老百姓一樣同等納税，他説：『此法誠善，然非民主之國，則勢有所不行。西洋所以享國長久，君民兼主國政故也。』他明確提出了『民主』，在國家的管理問題上，人民也有參與的權利。他在該書中所披露的西方政治、經濟、文化等領域優于大清帝國這一事實觸動了保守派的神經，立刻遭到保守派群起而攻之，進士何金壽彈劾他『有二心于英國，欲中國臣事之』，他家鄉湖南的民衆對他更是痛加詆毁，以至于滿城揭帖，誣蔑他『溝通洋人』，在這種群情汹汹的情況下，朝廷最後下旨將《使西紀程》毁版，從而使該書成了禁書。然而，書雖被毁版，却不能堵死民衆的傳播與閲讀的途徑，上海的《萬國公報》依舊連載該書，張佩綸曾説：『朝廷禁其書，而新聞紙接續刊刻，中外傳播如故也。』從某種意義上來説，啓蒙是時代的需要，盡管清政府發諭旨禁了該書，民衆乃至一些朝廷大員却依舊在私下閲讀，以便瞭解外部的世界。進步的社會是開放性的，任何企圖『閉關鎖國』的努力都意味着歷史的倒退，衹有開放，與整個世界文明保持同等的步伐，纔能實現真正的强國之夢。當大批知識分子走出閉鎖的國門，親歷了文明的洗禮之後，也就把啓蒙的智識帶回了中華大地。容閎的《西學東漸記》，梁啓超的《新大陸游記》，崔國因的《出使美日秘日記》等一大批作品介紹了海外諸國的政治、經濟、軍事、外交、文化。雖然這些作品在認識上仍然帶有時代的局限性，然而却是那時最爲珍貴的聲音。

另一方面，在學術上，中國文化母體内『經世致用』思想與資產階級思想相結合，也喚起了變革，以康有爲、梁啓超爲首的改良派試圖通過自上而下的革新以實現變革。康有爲的《新學僞經考》《孔子改制考》就是借經學之表論資產階級學説之裏的著作，康有爲的弟子梁啓超更是通過《新民説》一書提出國民性改造。與早期啓蒙者『師夷長技』的器物文明引進不同，梁啓超上升到形而上的精神領域，從文化心理上更加徹底地進行變革。梁氏是清朝末年到民國初年一個橋梁式的人物，被譽爲『輿論之驕子，天縱之文豪』，其影響力不但在學術領域，同時還在文學領域，他所倡導的『詩界革命』得到了譚嗣同、黄遵憲、丘逢甲等人的響應，黄遵憲的《日本雜事詩》，丘逢甲的《嶺雲海日樓詩鈔》都體現了這種主張。這一主張要求反映新的時代和新的思想，用『我手寫我口』（黄遵憲語）的方式直抒胸臆，對長期占詩壇主流的擬古主義、形式主義産生了巨大的衝擊，解放了寫作者的心靈和頭腦。

與社會變革同步的是早期對西方思想著作的翻譯，這裏面影響最大的是嚴復，他翻譯的《天演論》《社會通詮》等書直接孕育了民國一代的知識階層。魯迅、胡適等人在文章中都曾提到《天演論》對他們思想所産生的震撼。與嚴復略有不同的另一位翻譯家是林紓，他的譯作雖然參差不齊，但却在更細膩的心靈層次對讀者産生影響，許壽裳曾回憶，他和魯迅都熱衷于林譯的小説，如《巴黎茶花女遺事》《黑奴籲天録》《迦茵小傳》等作品。

辛亥革命之後，進步社會思潮成爲主流，比之清末思想啓蒙者『求存』的追求，民國以來的知識階層深入到了更加細微的肌理，一方面呼唤社會變革，另一方面進行點滴的建設，革命并不能使所有的一切一蹴而就，在更加深廣的領域，事物的改變是由微觀而宏觀。通俗地説，比之于革命，建設的意義更大。如《中國商業史》《中國教育史》《中國倫理學史》《中國哲學史大綱》《中國小説史略》等一大批作品都是進行系統的梳理與建設的理論作品。其中，以胡適和魯迅二人的影響最大，他們的作品一紙風靡，從而成爲新文化運動的主力人物。

《清末民初文獻叢刊》收録的文獻大致上可以分爲三個階段，其中龔自珍、張之洞、魏源、郭嵩燾、薛福成等人的作品可視爲『早期啓蒙』，康有爲、梁啓超、黄遵憲、嚴復、林紓等人的作品可視爲『中期啓蒙』，胡適、魯迅、蔡元培等人的作品可視爲『晚期啓蒙』。當然，這種劃分并非嚴格意義上的，大部分啓蒙思想者隨着時代的變化，其思想在不斷進步。縱觀整個近現代史，可以發現，要求變革不是在某一個領域，由某一類人發起和完成的，而是全社會的要求。變革，已經成爲全社會的共識。

從清末民初的文獻中，我們能够發現一種豐富性。這些作品涉及政治、經濟、軍事、教育、外交、宗教、心理、情感等方方面面，從内而外地净化着中國兩千年以來的封建積習。它不衹是對社會的改造，更是對人心靈的重塑；它首重國家社會之建設，同時亦重靈魂心智之唤醒；它是宏大的，也是微觀的；它是嚴肅莊重的，也是活潑靈動的；這些作品結構精巧，思想內容深刻，擁有濃厚的人文主義色彩，對推動社會主義建設，實現中國夢有重大意義，是近現代中國一百年來最宏富的智識與情感的寶藏。因此，整理這些文獻作品，無論是出于資料保存的目的，還是爲圖書館提供資料副本，都有不可估量的意義。

特定時代下的文獻，當它一旦形成（既指草擬，創作的完成，也指其成爲一個載體），就不可再複製了，也就意味着它將面對消亡。對于文獻資料而言，越接近歷史事件發生的時代記録，越具有研究價值。文獻本身具有不可再生性，它衹會消亡，而不會增多。盡管文獻本身的文字可以保留下來，并進行傳播，却失去了當時的時代氣息。當時的作品可能在技巧上，文字的成熟度上不及當代，但它所負載的信息，創作者的情感都反映了當時的歷史，也就是説，它具有不可替代的歷史意義。

影印的版本有三個特點，第一是擁有文獻的『原始性』；第二個特點是『未經改動的』；第三個特點是『歷史的原貌』。所謂『原始性』，也就是説，它是第一手資料，而非轉述的，回憶形成的；『未經改動的』，是指未被篡改、删節、挖補的；『歷史的原貌』是指在影印製作過程中，完全依照文獻的原來模樣……這樣製作出版的作品，無异延續了文獻的壽命。

近現代思想史上的一個最重大的思潮就是『開放』，從林則徐的『開眼看世界』到蔡元培的『兼容并包』，都是在倡導一種開放式的胸襟。而《清末民初文獻叢刊》最有魅力的部分就是『開放』這一主題，祇有融入到世界文明發展的進程中，中華文明纔能歷久彌新。

《清末民初文獻叢刊》編委會

二〇一七年四月十四日

凡例

一、《清末民初文獻叢刊》（以下簡稱『叢刊』）爲影印本，舉凡所用之底本，均爲該書之早期版本。有清末刊本，亦有民國印本。

二、《叢刊》均依底本影印，未予删改，僅代表作者個人觀點，不代表官方立場；原刊本有誤，不予校改，以保留文獻之原貌。

三、《叢刊》所用之底本，因時日久遠存在漫漶的情况，均進行了修復；底本闕文、印刷不清，均保留原貌。

四、爲讀者閲讀之便，《叢刊》中之舊底本目録未標記頁碼者，編了目次；原底本有頁碼和目録，未予重複編目。

五、爲保持文獻的原始風貌，影印本保留了原書書影（原書爲多册，則保留第一册書影）、扉頁等信息。所用底本無相應信息者，則不予妄添，以免錯訛。

目録

舒蓺室續筆一卷

光緒五年閏
春刊於復園
劉熙載署首

舒藝室續筆

南匯張文虎孟彪

易損上九勿損益之本義曰然居上而益下有所謂惠而不費者不待損已然後可以益人也顧亭林曰有天下而欲厚民之生正民之德豈必自損以益人哉錢少詹曰惠而不費則其惠可久其惠亦可大故曰勿損益之大得志也案三說相同而錢尤簡要是故子貢問博施濟衆而夫子曰堯舜猶病梁惠王哆然於移民移粟而孟子以爲以五十步笑百步子產以乘輿濟人而孟子以爲惠而不知爲政君子之利用厚生自有其大者遠者而姁姁爲仁乎哉

禹以治水之功洽於四海臯陶益稷同寅協恭皆所推服受禪易世舜已開其先宜其行所無事舜起自側微未有功績九男斂袵二女刑于非常授受盈廷帖然丹朱之傲沒齒無怨其盛德所化潛移默運葢不可以窺測然始不見亮於頑嚚傲象後不能式化於商均知家庭之際聖人亦有所窮故曰天地之大人猶有憾

丹朱之不肖見於益稷之篇曰惟慢遊是好傲虐是作罔晝夜頟頟罔水行舟朋淫于家其言甚簡然史記殷本紀言紂之不善曰知足以距諫言足以飾非矜人臣以能高天下以聲以爲皆出己之下非所謂傲虐乎曰好酒淫樂嬖於婦人非所謂慢遊是好乎罔水行舟某

氏傳解爲陸地行舟則又紂之材力過人手格猛獸之類鄭意罔晝夜額額罔水行舟二罔字讀爲妄罔水行舟者蓋卽孟子所謂流連荒亾也則使丹朱嗣位一紂而已堯之禪舜蓋不得已也然猶歷試諸艱乃知堯讓許由必無其事

書序成湯旣沒太甲元年文不成義中閒當有脫文史記殷本紀湯崩太子太丁未立而卒於是迺立太丁之弟外丙帝外丙卽位三年崩伊訓正義及孟子疏兩引皆同惟御覽八十三引三作二與今孟子同立外丙之弟中壬帝中壬卽位四年崩伊尹迺立太丁之子太甲與孟子合某氏傳祇據僞伊訓云及湯沒而太甲立偁元年夫諒陰三年高宗猶行之豈開國之初而阿衡若是其恝卽以後世而論亦當踰年

改元蜀漢章武爲陳壽所譏嗣是而晉惠之永熙愍之建興簡文之咸安一家繼續有同革命僞古文萌牙於魏晉之閒安知非豎儒之迎合又安知今本書序非其所刪亦萬世之罪人也孔沖遠乃謂夏后之世或不踰年未知何據又引顧氏云止可依經誥大典不可用傳記小說人固有未讀孟子者邪抑孟子之言固傳記小說類邪

書序河亶甲居相作河亶甲祖乙圮于耿作祖乙殷本紀皆失書又成王既踐奄將遷其君于蒲姑周公告召公作將蒲姑周本紀亦失書又伊陟相大戊亳有祥桑穀共生于朝伊陟贊于巫咸作咸乂四篇殷本紀咸乂

下有大戊篇而書序無之

尚書大傳文王受命一年斷虞芮之訟二年伐邘三年伐密須四年伐犬戎五年伐耆六年伐崇七年而崩史記周本紀惟二年伐犬戎四年伐耆五年伐邘爲異餘皆同又云詩人道西伯蓋受命之年偁王不足信辨見鄙箸周初歲朔攷而斷虞芮之訟後十年而崩十年乃七年之誤十與七形近而譌史表多有蓋與大傳及鄭康成說同張守節乃云十當作九案周本紀言九年武王上祭于畢東觀兵至于盟津爲文王木主載以車中軍武王自偁太子發蓋亦以武王蒙受命年不改元此九年卽文王受命之九年若如守節說則是武王卽於文王崩年觀兵於商也蓋作

僞古文者用劉歆說文王受命九年而崩再期在大祥而觀兵於商十三年而伐紂故於僞武成云惟九年大統未集僞泰誓云惟十有三年春大會於孟津守節遂據此以糾史公不知兩說自不能彊合也鄭康成本大傳亦以文王受命七年而崩十一年觀兵十三年伐紂蓋調停於史漢閒以合多方天惟五年須夏之子孫之文然書序祇云惟十有一年武王伐殷一月戊午師渡孟津作泰誓三篇卽如古說武王承受命年不改元自七年至十一年首尾亦五年矣何不可以釋多方蓋九年之會乃諸侯好會其時三分天下周有其二紂已偏安故諸侯有請遂伐之者然三仁猶在故武王告以天

命未可而後人附會遂以爲觀兵此亦文王偁王及血流漂杵之類也中庸言壹戎衣而有天下孟子言一怒而安天下之民伐殷無再舉明矣詳見周初藏朔攷

康誥殪戎殷段注說文謂不必與中庸之壹戎衣相牽固亦可毛詩民勞傳戎大也方言同殪戎殷猶大明詩云肆伐大商也某氏傳解爲殺兵殷大可發笑而孔沖遠猶順文而疏之何與

劉器之元城語錄引韓詩雨無極篇首有雨無其極傷我稼穡二句然則北宋時韓詩猶存也案小序云雨無正大夫刺幽王也雨無極卽以首句名篇正大夫三字連文見於詩中後人脫去首二句而序中又脫極字遂

以正字上屬甚無義理讀詩記引董氏說韓詩作雨無政正大夫刺幽王也蓋彼因其難通而強增政字或亦記韓詩雨無下本有一字而正大夫三字本相屬特失御首二句遂不復憶是極字耳朱子謂首二章本皆十句今遽增之則長短不齊夫韓詩既佚自不得據孤文以增益存其說可耳若以長短爲嫌則斯干首章六句次章五句生民首章十句次章八句瞻卬首章十句次章八句載見首章六句次章二句閔予小子首章六句次章四句艮耜首章十句次章七句長發首章八句次章四句殊不嫌參差矣

魯頌閟宮后稷之孫實維大王居岐之陽實始翦商案

周自不窋失官竄於戎狄歷數世至大王又為狄人所侵去豳內徙于岐蓋商土也翦踐古通見邵學士爾雅正義此謂重踐中國之地張平子西京賦昔者大帝說秦繆公而覲之饗以鈞天廣樂帝有醉焉乃為金策錫用此土而翦諸鶉首翦亦讀為踐踐猶履也猶管仲言賜我先君履也鄭箋釋翦為斷失之毛傳訓勤亦未瞭

樂記孔子問賓牟賈曰聲淫及商何也對曰非武音也子曰若非武音則何音也對曰有司失其傳也若非有司失其傳則武王之志荒矣蓋春秋時去周初已遠樂師相傳久失其義故孔子復因其問而詔之商樂名也疑即後子貢問樂章肆直而慈愛者宜歌商之商彼云

故商者五帝之遺聲也又云明乎商之音者臨事而屢
斷又云臨事而屢斷勇也正與此下文發揚蹈厲者大
公之志也義合淫者洋溢之意聲淫及商正是武音因
其發揚蹈厲而疑非武音又疑武王之志荒賓牟賈失
其解耳然則篇末綴子貢問樂一章正與此章相發
六成復綴以崇天子夾振而駟伐盛威於中國也鄭注
本於崇字絕句云崇充也凡六奏以充武樂也天子二
字屬下讀文義詰詘樂書以天子二字上屬爲句集解
引王肅曰以象尊崇天子也案六成復綴以崇天子蓋
象功成報政於武王也夾振之而駟伐疑指滅國五十
事此注王肅爲優

春秋昭二十年左傳齊侯疥遂痁杜注痁瘧疾案周禮天官疾醫四時皆有癘疾春時有痟首疾夏時有痒疥疾秋時有瘧寒疾冬時有嗽上氣疾疑齊侯夏患疥未瘳及秋而又患瘧故云疥遂痁說文引亦作疥梁元帝顏之推輩欲易疥爲痎段懋堂謂無事自擾信矣素問陰陽應象大論冬傷於寒春必病溫春傷於風夏生飧泄夏傷於暑秋必痎瘧秋傷於濕冬生欬嗽與生氣通天論大同不盡合於疾醫文者彼是先時所伏疾醫文所云乃隨時所感也痟首注痟酸削也首疾頭痛也說文痟酸削頭痛也素問金匱眞言論亦云春氣者病在頭

又二十四年左傳陽不克莫將積聚也杜注陽氣莫然不動釋文陽不克莫絕句案上文云日過分而陽猶不克此承上來當於克字絕句如杜陸讀則文不成義莫

字當屬下爲句莫疑辭如論語莫吾猶人也之莫述聞謂當作其似不煩改字

又二十五年左傳爲六畜五牲三犧以奉五味五牲杜注麋鹿麏狼兔正義云以上文已言六畜則五牲非六畜故必解之述聞云麋鹿之屬可謂之獸不可謂之牲案獸與牲對文則異今上言六畜則獸亦可言牲桓四年公羊傳何注云已有三牲必田狩者孝子之意以爲已之所養不如天地自然之牲然則獸可名牲矣

論語弓治長篇宰予晝寢案此蓋是內寢檀弓夫晝居於內問其疾可也夜居於外弔之可也是故君子非有大故不宿於外非致齊也非疾也不晝夜居於內宰我

居聖門而忘夫子之教故深責之若當晝而寢恐不至是

顧君尙之據詩伴奐爾游矣優游爾休矣書惟時厥庶民于汝極錫汝保極謂君臣可相爾汝至孟子時乃以爾汝爲輕賤之偁予謂稷契篇安汝止禹以偁帝金縢篇則爾之偁且加於三王孔子偁及門皆爾汝門人偁之曰子子在回何敢死是哉子之迂也而子路且曰禱爾於上下神祇公明高偁長息亦曰爾猶近古矣孟子於弟子則偁子時世之遷流如此

爾雅釋天疾雷爲霆霓郝蘭皐比部云霓字衍東都賦注書鈔百五十二類聚二初學記一御覽十三引並無

霓字案霓字蓋因下雨霓爲霄雪之霓字而誤衍郭注及陸氏釋文皆無釋知其誤在唐以後然今俗本皆如此廣東張刻單注本刪去霓字是矣而改其文曰疾雷謂之霆則不可

冬獵爲狩注云得獸取之無所擇邵氏正義以詩疏引李巡說證之足矣又引說文狩犬田也云冬日草枯田犬便於逐利也案田獵用犬豈獨冬狩犬乃火字之譌段注已據韵會改正火田爲狩卽在下文而依誤本說文爲說何也

釋地邑外謂之郊郊外謂之牧牧外謂之野野外謂之林林外謂之坰邵氏正義據魯頌毛傳說文周禮遂人

注皆言郊外曰野王氏述聞又引高注呂氏春秋淮南子韋注晉語證之以爲毛許鄭高韋所見爾雅皆無郊外謂之牧文蓋爾雅一書經後人增益本各不同引用隨其所見耳素問靈蘭祕典論王注引此文云邑外爲郊郊外爲甸甸外爲牧牧外爲林林外爲坰坰外爲野不知所據又何本

釋山山續無所通谿說文谷部谿山瀆無所通者𧮯通谷也阜部隫通溝以防水讀若洞續古文隫然則通者爲𧮯不通者爲谿而續其總名若隫乃人力所爲故在阜部與防隄相次古文作續疑假借字谿不通水故在釋山若釋水之水注川曰谿當卽今之溪字說文無溪

字而玉篇水部有之云溪澗谷部谿云與溪通廣韻同漢馮緄碑南征五溪溪字从人水山瀆無所通之谿疑亦假借字本當作蹊孟子山徑之蹊閒介然用之而成路趙注山徑山之嶺有微蹊微蹊謂非常由之路蓋即所謂窮瀆也

釋草拜蔏藋案以拜名草無義古今亦未聞有草名拜者惟說文艸部藋釐草也一曰拜蔏藋於文義不順夫拜字从手自有正義果有此草當附於彼篆下不當附於藋下疑此文拜字當爲荓與馬帚同名猶王蔧山莓同名葥也字形相近譌爲拜淺人遂以補入說文而不知與說文引別解之例實不合也

釋蟲蜜肌繼英郭注未詳錢少詹據赤犮氏注肌蛷之屬疑蜜肌即肌蛷引說文𧓵多足蟲爲證段注說文從

之引通俗文務求謂之蚑蛛廣雅蛛螋蟧蛛也陶隱居陳藏器作蠼螋案說文蠡字从䖵益象形兼聲疑古但借求字爲之後人加虫旁耳又說文胑齊謂癯胑也胑爲癯猶蛛爲蠼矣

釋獸時善乘領郭注好登山峰邢疏好登山峰之一獸也案時善乘領當屬上蜼卬鼻而長尾爲一節時猶是也指是物也善乘領者領古嶺字與上猶如麐善登木猱蝯善援玃父善顧句法同郭注似本連屬疏本分爲兩節遂似別爲一獸矣

說文艸部茵㠯艸補缺从艸西聲讀若執段本作讀若俠注云或作陸誤字也案谷部西他念切又囟讀若三

年導服之導一曰竹上皮讀若沾導與禫同音𦧺从西聲與㙯音陸音俠音俱遠疑段本當作讀若陝西沾禫皆同部然鉉音直例亦不合

几鳥之短羽飛几几也市朱切㐱新生羽而飛从几从彡之忍切段云此與彡部㐱音同形似而義殊案彡部之㐱从彡人聲故音之忍切此㐱字从几何爲亦之忍切邪江甯楊君大琦說文重文考謂㐱从几聲讀若殊引漢書禮樂志殊翠采五色文殊當爲此㐱字其說致碻乃段氏旣知㐱與㐱異而不悟之忍切之非何與羽部翏高飛也當從羽㐱會意

鳥部鶌鳩鶻鵃也鵻祝鳩也鶻鶻鵃也鵃鶻鵃也段云

鶻鵃二篆宜蒙鶌篆類廁乃中隔以祝鳩豈轉寫倒易與篆段說是也鍇本雛下注古滑反此正鶻字之音葢鶻鵃本承鶌後俗人竄亂以雛篆中隔之而以鶻字之音音雛謬甚

乃部𠧪驚聲也从乃省卤聲籀文𠧪不省或曰𠧪往也讀若仍案許書卥鳥在巢上也象形籀文作卤𠧪从卤从乃乃亦聲也云驚聲者鳥方卥而驚也生民詩鳥乃去矣乃𠧪古通故云𠧪往也讀若仍者之蒸二部互轉也淺人改爲卤聲不合古音段氏强爲之解何與籀文作𠧪本無異形何云不省此五字衍漢人寫𠧪作迺葢是隸變緐陽令楊君碑作𠧪尹宙碑作迺宗俱碑作逌

皆不从之

木部校木囚也漢書趙充國傳校聯不絕師古引說文已同今本律以易之屨校滅趾荷校滅耳義自可通自徐楚金好為異說遂滋疑義唐本作木田安知非誤不必拘

呂部躳身也从身从呂躬躳或从弓案躳从呂身聲躬从身弓聲疑古有此二體大雅文王篇無遏爾躬韵天宮作躳召閔不烖我躬韵弘宮作躬今本竝作躬蓋傳寫亂之段氏改或字為俗許書乃存俗字乎

老部孝善事父母者从老省从子承老也案易蠱初六幹父之蠱有子考无咎傳曰幹父之蠱意承考也許君

以孝攴考下疑本从考省亦轉注之例承老之老亦當作考即用易傳義後人傳寫誤作老耳文王有聲詩匪棘其欲聿追來孝考聲在幽部欲乃侯部之入與孝不相諧禮器引作匪革其猶猶與孝同部欲乃轉音也

厂部屵岸上見也从厂从之省讀若躍段注謂當从屮淺人改爲山容或有之此字今廣韵集韵皆收入聲十八藥矣玉篇厂部無此字然讀如躍不知其得聲之由蓋象形爾竊疑躍乃脽字之譌漢書武紀立后土祠于汾陰脽上注如湻曰脽者河之東岸特堆堀長四五里廣二里餘高十餘丈云云正與說解岸上見之文合師古云脽者以其形高如尻脽故以名云然則脽乃假借字而屵

其本字故云讀若脽又邶風新臺有洒毛傳洒高峻也爾雅望厓洒而高岸說文洒滌也無高峻義云望厓洒而高亦與岸上見義同疑亦屵之假借洒與脽聲亦相近

犬部猌犬張齗怒也从犬來聲段云此從犬來會意聲字衍案段說是矣然從犬來會意則似就人之意故心部憖从猌而有肎與願之訓此怒字亦衍文

心部憖問也（問字誤當依玉篇及左傳釋文引字林作閒）謹敬也从心猌聲一曰說也一曰甘也春秋傳曰昊天不憖又曰兩軍之士皆不憖案說與甘義相近小爾雅國語注皆云憖願也十月之交正義引作肎從心也亦皆與說與甘近左

傳注且也漢書五行志應劭注且辭也則與間義近文十二年左傳兩軍之士皆未憖蓋謂皆未肎相下杜解憖爲缺意反晦段注易間爲肎易甘爲且亦勇於改字矣謹敬之訓未知所本國語敢歸諸下執政以憖御人以憖御人猶云以間御人蓋謙辭

糸部絕𢇍絲也㡭古文絕繼續也反㡭爲𢇍案云反㡭爲繼則繼當从𢇍可知段本繼作㡭而下復出𢇍篆云繼或作𢇍反㡭爲𢇍改篆增文無事自擾蓋見苑鎮碑袁良碑有作𢇍者故亘然他碑竝作繼

顧南原隸辨去聲十一暮捬唐扶頌夷粵捬搋捬任伯嗣碑南蠻捬㞙引集韻云捬搋不順理也又云捬㞙卽

⿰扌希⿰扌扈變布為市案⿰扌希隸釋作掄漢隸字原同掄⿰扌扈卽拔
扈字見後漢書梁冀傳鄭箋以釋皇矣詩畔援拔字从
犮隸變作⿱亼巾猶茇之為芾矣⿰扌希字說文云捫持也古書
未有與扈字連文者誤以為从布收入暮韵傎矣然宋
人集韻已然不自南原始也
益州太守碑⿰犭鬼⿰犭方⿰犭凶獫顧云疑卽鬼方凶險各加犬旁
未詳所出案今案牘文字於盜賊名輒增犬旁及改易
為不祥字樣蓋自古已然
馬江碑終溫淑⿰忄貞咸曰女師顧疑⿰忄貞卽貞字加心於旁
案此明用燕燕詩終溫且惠淑愼其身語隸寫愼作⿰忄貞
稍變其體乃失之眉睫

劉熊碑服骨睿聖顧云服骨疑卽服膺玉篇亦作膺省膺爲骨殊不可從案作骨疑爛文繁陽令楊君碑正作膺

逢盛碑才亞后囊當爲師楷隸釋引趙廣漢傳銗筩之銗音項謂借后爲銗又借銗爲項案洪說甚碻東侯二部同入相轉后自有項音不待借銗爲項顧不通古音故不以洪說爲然

無極山碑臣虩懸顯隸釋云顯卽顯字顧云集韻願或作願非顯字案顧說是也願字唐公房碑作䫴史晨後碑作䫴則顯爲願字無疑

費鳳碑白駒以遯隍隸釋云以遯爲逐顧云字書無遯

字案𧉆乃遯字也玉篇豚本作豚說文作𧱓故𡪙遯作
𧉆
魯峻碑遐邇忉怛顧云忉怛疑卽忉惻案怛乃悼之異
文詩倬彼甫田韓詩倬作菿到與卓同部故與虐邈櫂
樂爲韵此條翁覃溪閣學已言之
陳君閣道碑此道本有根閣二百餘丈案根疑卽柢字
城垻碑氏羌攻□書氏作亘頗類此氐旁柢與邸古通
用柢閣葢卽邸閣
斥彰長田君斷碑史見勞醽芳馨馥芬案醽疑卽鷂字
韓勅碑張晉阡堅案阡疑卽仲字猶仟佰之爲阡陌
婁壽碑糲糌蔬菜之食案糲卽粗糲之糲糌卽荅字說

文荅小尗也廣雅云小豆

司農劉夫人碑圖𧰼甄采案像乃像字疑原碑剝落柳敏碑作像

孫根碑至于東叩大虐戕仁隸釋云以戕爲殲或爲戕也案戕疑卽陷阱之阱古井阱同字戕仁卽論語井有仁焉意

武進趙惠甫郡丞烈文眎予以其鄉張皋聞編修所箸說文諧聲譜分古韻爲中僮甍林巖筐縈蓁詵干蔞肄揖支皮絲鳩芼蔞岨凡二十部蓋卽冬東蒸侵談陽耕諄眞寒脂祭緝支歌之幽宵侯魚二十部而以詩中先出字建首其論入聲配部謂以詩韻較其部分得入聲不韻平聲之部二平聲不韻入聲之部十一

四聲俱韵之部七乃以說文校之詩韵中僮嶤林巖筐縈蓁詵干皮十一部不韵入聲說文十一部中亦無一入聲字肄揖二部不韵平上聲說文二部亦有去入而無平上萋皮絲鳩芼蕒岨七部四聲俱韵案之說文弟十一部中八聲龔字讀若非入與平諧也示聲有祋字二聲有銮字朮聲之述字埶聲之熱褻字必聲壹聲皆兼去入是去入諧也弟十四部中是聲提題平寔湜入辟聲繴[illegible]平臂上譬襞去益聲易聲多去入通讀弟十六部之聲有特字平而諧入異聲之翼選去而諧入毋聲之坶上而諧入偪聲之富弋聲之代則聲之廁皆入而諧去不聲則平入上三讀相兼弟十七部由聲之軸

笛攸聲之滌儵包聲之雹靶秋聲之發翏聲之戮勠皆平而諧入肅聲之蕭簫尗聲之菽皆入而諧平蚤聲騷平而蚤入九聲之旭及告聲冒聲皆去入通讀弟十六部喬聲之蹻勞聲之犖焦聲之噍交聲之駁皆平而諧入勺聲之杓入而諧平天聲枖平而沃入小聲宵消平而削入暴聲卓聲兼有去入弟十九部冓聲篝溝平斠入㱿聲之穀束聲之欶谷聲之裕族聲之嗾豕聲之家具聲之暴皆上去入諧弟二十部於聲之閼瘀篆說文瘀依據切去聲無入聲一讀平而諧入莫聲則模平而漠寞入庶聲則遮平而蹠入甫聲之薄固聲之涸各聲之輅亦聲之夜昔聲石聲蒦聲乍聲亞聲虖聲皆去入兼讀合之詩韻不

爽豪髮凡此皆以今讀求之古音雖未必如是要其聲部各以類從可以理揣惟詩韵縈于二部不韵入聲而說文弟七部呈聲有鐵官聲从冂讀通汨弟十部旦聲有怛笪妟聲有頞匽聲有揠鶠聲有巘頗爲不同蓋十部與十一部關合凡怛揠等字皆後人誤讀本不當爲入聲檜匪風詩怛與發揭韵甫田詩怛與桀韵皆讀入聲鐵字蓋十一部之合官字蓋十四部之合聲雖在此字亦在彼說文此類甚多不足疑也其論本音云求古本音當以說文爲據制字之始從某聲者其讀皆必如所从但有長言短言之別如逢字不从夆聲而必从峯省聲詐字不从乍聲而必从作省聲蓋其得聲正如後世之反切至嚴且密此即

古人之韵書也古者六書之教八歲入小學則受之未有知詩而不知韵者至聲音之轉隨時變易古人所作亦必有依古而不諧者亦必有以我而變古者如孔子繫易屈子作騷微有變通要其義類相傳必無紊亂字學既息韵學亦亾許氏說文出學者乃有所依據然其讀若云者漢人之音不必與古合許讀意在曉今若其存古自有本字就其出入次弟部分秩如許氏之學所以精也以上二論竝極精塙而古音論尤爲通徹其餘所論四聲正紐反紐及論合韵緜連緟貫之說刻意求深反近支離未敢信也其書部爲一卷凡二十卷每卷前列詩音次易繫次屈次列說文全文各以聲類相次

後編修子成孫復衍之爲五十卷卷帙徒增實不能出乃翁之範圍二書俱未刊惠甫意欲謀梓予以爲宜刊原本今亦未果故識其大略於此

婺源江氏慎修分廣韻二百六部爲十三部一東冬鍾江上聲董腫講去聲送宋用絳二支脂之微齊佳皆灰咍上聲旨止尾薺蟹駭賄海去聲寘至志未霽祭泰卦怪夬隊代廢入聲麥昔錫職德三魚虞模上聲語麌姥去聲御遇暮入聲藥鐸陌四眞諄臻文欣魂痕上聲軫準吻隱混很去聲震稕問焮慁恨入聲質術櫛物迄沒五元寒桓刪山先仙上聲阮旱緩潸產銑獮去聲願翰換諫襇霰線入聲月曷末黠鎋屑薛六蕭宵肴豪上聲篠小巧晧去聲嘯笑效號七歌戈麻上聲哿果馬去聲箇過禡八陽唐上聲養蕩去聲漾宕九庚耕淸靑上聲梗耿靜迥去聲映諍勁徑十蒸登上聲拯等去聲證嶝十

一尤侯幽（上聲有厚黝 去聲宥候幼）入聲屋沃燭覺十二侵（上聲寑 去聲沁）入聲緝十三覃談鹽添嚴咸銜凡（上聲感敢琰忝广豏檻范 去聲勘闞豔㮇釅陷鑑）入聲合盍葉帖洽狎業乏之金壇段氏懋堂又分爲十七部於江氏弟二部別出之哈（上聲止海 去聲志代）入聲職德爲一部又別出支佳（上聲紙蟹 去聲寘卦）入聲麥昔錫弟三部入聲陌爲一部於江氏弟四部別出眞臻（上聲軫 去聲震）入聲質櫛弟五部別出先（上聲銑 去聲霰）入聲屑爲一部休甯戴氏東原又於江氏弟二部別出去聲祭泰夬廢弟五部入聲月曷末鎋薛爲一部（此部無平上二聲）高郵王氏懷祖又於江氏弟二部別出去聲至弟四部入聲質櫛弟五部入聲黠屑爲一部（此部亦無平上二聲）於江氏弟十二部別出入聲緝

爲一部（此部無平上去三聲）於江氏第十三部別出談爲一部又別出入聲盍爲一部（此部亦無平上去三聲）是爲二十一部王氏所分與張氏大同但張氏分冬於東鍾江而無至盇二部故較王氏少一部

休甯戴氏創爲陰陽相配同入互轉之論曲阜孔顨軒氏歸安嚴鐵橋氏皆祖述之而各有同有異詳於續谿胡春橋氏古韻論竊謂戴以祭泰夬廢配元不若二家以歌配元之確而疑祭泰夬廢古音皆入聲當幷入月曷末黠鎋薛以爲元歌二部之入（段及二家以祭泰夬廢幷入脂部去聲非）

餐从𣦼聲𣦼从𣦵聲𣦵古瓦切咼从冎聲骨从冎蓋亦聲泰滑也段云以曡韵爲訓蓋讀如澾羍从大聲讀若

逄察从祭聲決从夬聲廢从發聲檜禹貢作栝不能悉數矣廣韻以藥鐸爲陽唐之入聲當以宵配陽魚配唐而徵之古韻陽唐二部牽連不可剖析遂幷以隸魚戴以魚配歌我友顧尙之氏從之然歌亦陰聲何能相配而宵韻遂無相配之陽聲孔以宵配侵嚴以幽配侵宵配談又幷冬於侵胡又欲幷幽於宵紛紛更置訖無確論張王二家但分各部不言相配殆亦難言之也

段氏分質櫛爲眞臻之入以別於諄王氏又分至以別於脂顧君從之以爲眞部之陰聲但有去入無上聲予謂王氏所分止有从至从疐二聲疑古皆讀作入聲如祭泰夬廢之例非獨自爲去聲一部也

史記夏本紀貢金三品集解引鄭玄曰銅三色也尚書正義引鄭同案銅三色也文不成義僞孔傳作金銀銅平準書虞夏之幣金爲三品索隱云黄金白銀赤銅也蓋鄭注銅上有脫字自裴氏所見本已然

殷本紀言紂材力過人手格猛獸秦本紀言惡來有力蜚廉善走父子俱以材力事紂蓋同惡相濟也而秦紀云周武王之伐紂幷殺惡來是時蜚廉爲紂使北方今據局校本還無所報爲壇霍太山而報句得石棺銘曰帝令處父不與殷亂賜爾石棺以華氏死遂葬於霍太山與孟子云周公相武王驅飛廉於海隅而戮之不合史公好奇必非其實而下文又云惡來革者蜚廉子也蚤死

惡來既與蜚廉同事紂殷紀云惡來善毀讒諸侯以此益疏似非蚤死豈惡來革又一人邪或言蚤死猶言先蜚廉死葢惡來與紂同誅其時蜚廉出使北方故周公驅於海隅始授首也

殷本紀集解引皇覽漢哀帝建平元年大司空御史長卿案行水災因行湯冢索隱云長卿諸本多作劫姓按風俗通有御氏爲漢司空御史其名長卿明劫非也洪氏頤煊讀書叢錄云大司空下不得言御史此本作大司空史御長卿水經汳水注引皇覽作大司空史郤長卿郤即御字之譌案郤字俗作却因譌爲劫疑郤字是御亦形近而譌

周本紀九年武王上祭于畢集解引馬融曰畢文王墓地名也蓋是民閒大誓注據孟子文王生於岐周卒於畢郢也然古無墦閒之祭不告於廟而告於墓何也且如此則文王已葬而伯夷列傳乃有父死不葬援及干戈之言索隱以其不可通以爲畢星主兵故師出而祭畢星也案天官書曰畢曰罕車爲邊兵主弋獵武王聲罪致討豈自以爲邊兵抑以紂爲邊兵而祭之抑謙以比於弋獵乎自古是禷是禡未聞祭及畢星者小司馬之說亦不可通

秦本紀大費佐舜調馴鳥獸是爲柏翳索隱尚書謂之伯益賜姓嬴氏生子二人一曰大廉實鳥俗氏二曰若木實費氏

其玄孫費昌當夏桀之時去夏歸商大廉玄孫孟戲中衍帝大戊使御遂世有功其玄孫中潏生蜚廉蜚廉生惡來父子俱以材力事紂案柏翳與禹同時據夏本紀自禹至桀十七帝歷十四世則費昌非若木玄孫況加湯至太戊九帝五世相去益遠則中衍更非大廉玄孫矣中衍既在太戊時而商本紀大戊至紂二十二帝凡十二世蜚廉又安得爲中衍玄孫之子蓋玄孫曾孫散文通稱金縢周公告大王王季文王而稱武王爲玄孫哀二年左傳云曾孫蒯聵敢告皇祖文王烈祖康叔不以世數爲限猶詩稱文王孫子曾孫之稼矣殷本紀紂用費中爲政費中當亦若木之裔

造父以善御幸於周繆王得驥溫驪驊騮綠耳之駟集解徐廣曰溫一作盜索隱溫音盜劉氏音義云盜驪騧驪也淺黃色棗盜猶竊也盜驪猶爾雅釋鳥竊玄竊藍竊黃竊丹釋獸竊毛之類竊淺聲相轉溫乃誤字玉篇又出⿰馬昷字小司馬遽音溫爲盜可笑也八駿名列子作⿰鬲司驑綠耳赤驥白⿰氵義渠黃踰輪盜驪山子穆天子傳作赤驥後又作赤蘢盜驪白義後又作白儀踰輪索隱引作騟⿰馬侖山子渠黃華騮後又作蘫騮綠耳索隱引作騄耳棗騧字籀文作⿰鬲馬因譌爲⿰鬲司爲蘫爾雅回毛在膺宜乘在肘後減陽誤作⿰氵義作儀又誤作義餘皆傳寫異文八駿事本出附會周本紀絕不載此其潔也秦本紀正義按年表穆王元年去楚文王元年三百十

八年矣案三代世表不著年周本紀穆王在位五十五年以下共懿孝夷皆無年數厲王三十七年出奔於彘後自共和元年下距春秋魯莊公五年即楚文王元年首尾百五十三年合上共二百四十五年然則其懿孝夷四王共有七十三年張氏何所據所謂年表果何表邪

秦本紀甯公後記作憲公見史記札記生子三人長男武公爲太子武公弟德公同母魯姬子生出子案此謂武公德公同母也魯姬子蓋七子八子之類出子乃庶子也正義云德公母號魯姬子失其句讀紀又言甯公卒庶長弗忌威壘三父廢太子而立出子爲君出子六年三父等復

其令人賊殺出子出子生五歲立立六年卒三父等乃復立故太子武公武公三年誅三父等而夷三族以其殺出子也夫三父廢嫡立庶以其幼目乃未幾而復賊殺之其中蓋有不可明言者而史氏略之武公之誅以殺出子爲名實以其初廢太子而立出子之故然吾又疑出子之被殺實武公主謀而嫁名三父也

出子二年庶長改迎靈公之子獻公于河西而立之正義云西者秦州西縣王氏雜志謂如正義則正文無河字吾友顧尙之云此正義誤也呂氏春秋當賞篇說此事云秦公子連亾在魏欲入時河西正屬魏非秦州西縣也且單稱西字史記亦無例案下文云秦以往者數

易君君臣乖亂故晉復彊奪秦河西地此正河西爲魏地之碻證王氏偶未攷耳此條前亦采入札記今以顧說參之殆不然

十二諸侯年表序前序周室之衰諸侯力政孔子明王道次春秋左丘明作傳鐸椒虞卿呂不韋荀卿孟子公孫固韓非之徒及漢之張蒼董仲舒皆資之以著書而已乃會聚諸家之說以作表刊史記者見首有太史公曰四字（此四字乃總上而說以己意）遂提行別起若紀傳之論贊者致爲可笑姚惜抱深於古文義法其古文辭類纂乃亦因之豈未檢覆與（其實紀傳論贊亦不必提行然承譌久矣）

六國表秦惠公十三年蜀取我南鄭案秦本紀惠公十

三年伐蜀取南鄭表伐字譌作我又倒在取下

禮書郊疇乎天子社至乎諸侯函及士大夫函鄭誕生音陷徒濫反案此大戴記文函本作導蒸函讀如陷陷導聲近相轉猶禫之或爲導也小司馬以爲蹈字爛文爲陷再誤爲陷然則何爲音徒濫乎函及與禹貢之覃懷蕩詩之覃及義同

天官書秝斗之會以定塡星之位索隱引晉灼曰常以甲辰之元始建斗歲鎮一宿案淮南子天文訓作甲寅元古秝皆託始甲寅此作甲辰疑誤漢書天文志注亦同

越世家越王乃葬吳王而誅太宰嚭越絕書吳越春秋

亦云誅嚭及其妻子案左傳哀公二十四年閏月公如越得大子適郢將妻公而多與之地季孫懼使因大宰嚭而納賂焉然則吳亾之後嚭復寵於越范蠡之遯文種之誅或由此與

句踐卒子王鼫與立鼫與卒子王不壽立不壽卒子王翁立翁卒子王翳立翳卒子王之侯立之侯卒子王無彊立自句踐至無彊凡七君越絕書句踐大霸佣王徙瑯琊都也都字當在瑯琊上句踐子與夷時霸與夷子子翁時霸子翁子不揚時霸不揚子無彊時霸伐楚威王滅無彊威王上疑當重楚字無彊子之侯竊自立爲君長之侯子尊時君長尊子親失眾楚伐之走南山親以上至句踐凡八

君都瑯琊二百四十歲吳越春秋與夷作輿夷之侯作玉餘並同是無疆乃句踐五世孫以索隱所引紀年攷之句踐子鹿郢即鼫與立六年子不壽立十年見殺子朱句立三十七年子王翳立三十六年弑明年大夫寺區立無余之十二年寺區弟忠弑其君莽安蓋即無余之次無顓立八年覺後十年楚伐徐州案楚伐徐州即楚威王破越之年然則是無彊十年也據此知句踐至無彊實八君鹿郢蓋即左傳之適郢與鼫與聲相轉莊子讓王篇越人三世弑其君王子搜患之逃乎丹穴越人薰之以艾乘以王輿高誘注呂覽乃以搜爲翳案三世弑君謂不壽翳莽安若翳前止不壽耳索隱引樂資以搜爲

無顓是也越絕吳越春秋以翁爲句踐孫無不壽紀年
亦無翁疑是一人史誤分之紀年不壽之後爲朱句而
二書竝作不揚疑取義於我朱孔揚則亦一人也無彊
卽無彊而二書以之侯爲無彊子史記反之紀年王翳
後有無余之無顓二書及史皆無之樂資謂之侯卽無
余之則尙未降爲君長紀年言翳三十三年遷于吳則
無彊前已不都瑯琊諸書各不同要以紀年爲可據惜
所紀止於無彊而二書所云尊親爲君長者不可攷矣
萬石張叔列傳仁爲人陰重不泄常衣敝布衣溺袴期
爲不絜淸案陰重是一事常衣二句是一事陰重不泄
者集解引服虔曰質重不泄人之陰謀是也常衣云者

漢書注云故爲不絜清之事而𢿙敗其衣服是也張晏云陰重不泄下濕故溺袴韋昭云陰重如今帶下病泄利皆誤牽二事爲一事師古已辨其非索隱乃仍依違兩可何也　師古云霍去病少言不泄亦其類案漢書孔光傳或問光溫室省中樹皆何木也光嘿不應更荅以它語其不泄如此亦一證

昔校扁鵲倉公列傳正義每引八十一難又篇末附錄正義八百餘字不箸所從出葢亦雜采難經靈樞之文局中無其書不及檢對夏閒偶暇重校補識於此扁鵲者正義黃帝八十一難序云此乃楊玄操序凡所引注亦楊注也夫以陽入陰中動胃正義脈雖時沈滑而長此二十難文今本作浮滑而長楊注

同。據下云陰中伏陽，疑洸字是。

篇末附錄正義此文自胃大至肛門四百九十一字見四十二難，其首百五十二字亦見靈樞平人絕穀篇。

橫尺尺字誤，靈樞、難經竝作屈。回腸注謂受穀而傳於大腸也謂當作胃，在受字下。此亦楊注。徑一寸半，長二丈二尺靈樞作徑一寸寸之少半，長二丈一尺，難經亦作二丈一尺。徑二寸半靈樞作徑二寸寸之大半，難經與此同。然下文肛門下亦作二寸大半，疑此脫大字。故腸胃凡長五丈八尺四寸據上合五丈九尺四寸，今如此數，則回腸實當作長二丈一尺。合受水穀八斗七升六合八分合之一靈樞作九斗二升一合合之大半，是。此腸胃長短受水穀之數也。注甲乙經腸胃凡長丈六尺四寸四分楊注本作長六丈四寸四分，此作丈六二字誤倒。主藏神注太始南極老人員光之身員光，楊注作元先，疑誤。主裏血楊注裏作裹。主藏意注在助氣主化穀楊注作在胃之下，此脫三字。其神云光玉女子母云字誤，楊注作玄。主藏䰰魄難經無䰰字此衍注肺孛也言其氣孛故短也鬱也楊注孛作勃云言其氣勃鬱也主藏志注校尉尉卿也楊注作廷尉胃重二斤十四兩難經作二斤二兩迴積十六曲難經作左迴疊積十六曲此脫左疊二字盛穀二斗四升水六升三合合之大半注言通暢胃氣牽去穢也楊注作去滓穢也此牽字卽滓字之誤而倒大腸重三斤十二兩難經作二斤十二兩盛穀一斗水七升半注其迴曲因以名之楊注其上有以字此脫盛溺九升九合注體短而又名胞楊注作言其體短而橫廣此有脫字文不成義口廣二寸半此下至咽門五十三字亦見靈樞腸胃篇大容五合也也字衍靈樞難經皆無至胃長一尺六寸注又謂之咽此咽字誤楊注作嗌九節注心肺之系也楊注作卽肺之系也心字疑衍而人多惑也楊注也作之是受穀九升三合八分合之一注又名瞋也瞋字誤楊注作䐜前

廣腸下楊注亦作膸疑本作直對上腸而言大小腸皆迴曲廣腸獨直也回**手三陽之脈**此下手足三陽三陰之脈文見靈樞脈度篇本作六陽六陰亦見難經二十三難注亦楊注也分作三陽三陰未知孰是**合三丈九尺注厥陰至於項上**楊注項作項此疑誤**督脈各長四尺五寸**脈度篇作督脈任脈各長四尺五寸難經同此脫任脈二字**注督脈起於胲頭上於面至口齒縫**楊注本作督脈起於脊腧上於頭下於面**寸口脈之大會**此下見難經一難及靈樞五十營篇甲乙經素問八正神明論王注引其注亦楊玄操文**度爲一周也**此度字衍難經無**故五度復會於手太陰寸口者**難經作五十度此脫十字**故法於寸口也**難經法下有取字此脫**注謂一旦夜**楊注本作一日一夜此誤合日一二字爲旦字**脈還得寸口當更始也**楊注本作脈還寸口當復更始也此得字卽復之譌文錯在還字下**肺氣通於鼻**此下見三十七難

大宛列傳于寘之西水皆西流其東水東流注鹽澤正

義引括地志云蒲昌海一名泑澤一名鹽澤亦名輔日海亦名穿蘭亦名臨海案漢書西域傳其河有兩源一出葱嶺山一出于闐于闐在南山下其河北流與葱嶺河合東注蒲昌海蒲昌海一名鹽澤者也去玉門陽關三百餘里廣袤三百里其水亭居冬夏不增減皆以爲潛行地下出於積石爲中國河云水經河水注云俗謂是澤爲牢蘭海也釋氏西域記曰南河自于闐東迤北三千里至鄯善入牢蘭海又引山海經曰敦薨之山敦薨之水出焉而西流注于泑澤又云河水東注于泑澤卽經所謂蒲昌海也案蒲昌海卽今所謂羅布淖爾又曰羅卜泊沙渚中渟不見傾注之跡故其水亭居不增

不滅以爲中國河源矣正義牢蘭誤爲算蘭各本皆同今金陵局刻已改正

太史公書百三十篇其十篇有錄無書相傳爲褚先生所補（見集解）小司馬云景紀取班書武紀專取封禪書禮書取荀卿樂書取樂記兵書略述律而言兵遂分秝述以次之三王系家取其策文日者不能記諸國之同異而論司馬季主龜策直太卜所得占龜兆雜說今案褚先生在西漢宣帝時何由豫襲班書且其文絕不類即將相表傅靳列傳（二篇亦在十篇中）亦與班書不同幷非後人取補當別有所據律書之謬辨見札記餘皆如小司馬所言其效顰無謂者如史公封禪書首云自古受命帝

王曷嘗不封禪此爲武帝解嘲耳乃於日者列傳首云自古受命而王王者之興何嘗不以卜筮決於天命哉龜策列傳又云自古聖王將建國受命興動事業何嘗不寶卜筮以助善一襲再襲何哉又平準書末卜式言曰今宏羊令吏坐市列肆販物求利亨宏羊天乃雨此以結桑宏羊罪案乃樂書於汲黯諫天馬歌後亦云丞相公孫宏曰黯誹謗聖制當族隱以效封禪書大可笑也

同治丙寅從獨山莫子偲大令借得游明本史記首有董浦序云平陽道參幕段君子成喜儲書懇求到索隱善本募工刻行末題中統二年季春望日校理董浦題

藎游刻以以此爲藍本中統二年當宋理宗景定二年或以此爲金本金亾於理宗端平元年甲午已二十八年矣

錢少詹養新錄云明嘉靖四年莆田柯維熊校本金臺汪諒刻始合索隱正義爲一書前有費懋中序僞陝西翻宋本無正義江西白鹿本有正義是柯本出于白鹿矣按同治辛未冬予從湘鄉曾文正公借閱柯本史記每半版十行行十八字注每行二十三字首有嘉靖四年鉛山費懋中序次目錄後題明嘉靖四年乙酉金臺汪諒氏刊行次三皇本紀其末冊有索隱後序及莆田柯維熊跋據費序言陝西本有正義缺封禪河渠平準三卷

白鹿本無正義與淩稚隆本凡例所云同蓋少詹誤憶淩則襲費序也

漢書天文志孝成永始二年二月癸未夜東方有赤色大三四圍長二三丈索索如樹南方有大四五圍下行十餘丈皆下至地滅案南方有下疑有脫字成紀止云星隕如雨谷永傳同五行志則云星隕如雨長一二丈繹繹未至地滅所紀不同然彼文皆為星隕而此獨云赤色一書之中不相掩覆何也

五行志武帝建元六年六月丁酉遼東高廟災攷異云紀作二月乙未案下書四月壬子高園便殿火此書在四月前則非六月可知殷秝二月癸巳朔乙未初三日

丁酉初五日未知孰誤

霍光傳謹與博士臣霸臣雋舍師古曰雋音辭阮反又音字阮反案雋不疑傳師古曰雋音字兗反又辭兗反此字及兩阮字皆誤

馮奉世傳子座嗣師古曰座音才戈反案玉篇座才賀反無平聲說文無座字當作痤春秋宋有世子痤戰國魏有范痤皆以痤爲名穀梁傳世子痤亦誤爲座蓋其壞文

史丹傳東海郯之武彊聚戶千一百如淳曰聚字喻反案聚字習見不必發音蓋本作取

吳地記婁門本號疁門東南秦時有古疁縣至漢王莽

改爲婁縣案漢書地理志會稽郡婁有南武城闔閭所起以候越越絕書作北武城闔閭所以候外越莽曰婁治絕無瞜縣之說越絕書吳北野禺櫟東所舍大瞜者吳王田也去縣八十里又云吳北野胥主瞜者吳王女胥主田也去縣八十里此與上條疑誤複說文瞜燒穜也漢律曰瞜田茠艸玉篇瞜田不耕燒種也廣韻同皆不言縣名吳郡志婁門秦婁縣所置又謂之瞜今謂之崑山崑山縣東北三里許有村落名婁縣古治所寓也案其地近古婁縣婁瞜聲近遂附會爲瞜此陸廣微之誤而范志因之

徐偉長中論今本止二十篇昔校小萬卷樓叢書嘗據羣書治要補復三年喪制役二篇與晁公武郡齋讀書

志所偁李獻民見本合光緒丙子定遠方子聽大令睎
我元人放宋本篇目與今本無異則自宋相傳無足本
矣今附識其字句之不同者於此舊序交援求名（元本作售）
以發疾疢（元本疾疢）不以爲慼（當依元本作戚）蓋百之一也（元本百作千）
上卷治學篇若指已効（元本作劾）法象篇夫以崩亾之困（崩亾
元本作彌留）多怨而寡非（怨當從元本作怨）虛道篇遷善懼其不及
改惡恐其有餘（元本懼恐二字互易）貴驗篇君子恥其行之不如
堯舜也（元本如作及）貴言篇而不以爲弊也（元本無以字）藝紀篇
視民不佻（元本佻作恌）覈辯篇執知其非乎（執當從元本作孰）智行篇
不若顏淵遠矣（元本無淵字）豈可無一哉（一下元本有言字）爵祿篇
芻豢之適於其口也（元本無之字）下卷譴交篇或長幼而不

歸元本長幼倒疑皆有誤秝數篇敬授民時元本民作人上觀前化化疑當作代元本亦誤天壽篇此燒煮之類也元本燒煮倒寔舊勞於外元本寔作時而解以槌擊燒熏燒熏元本作煮燒固臣之節也固元本作故古通用務本篇而不能用也元本無而字民數篇在事役均元本作均事役下句同故民盡其力當從元本作心

中論務本篇魯桓公容貌美麗且多技藝然而無君才大智不能以禮防正其母使與齊侯淫亂不絕驅馳道路故詩刺之曰猗嗟名兮美目清兮儀既成兮終日射侯不出正兮展我甥兮案據此乃指魯莊公今云桓公誤也倚詩作猗古字假借又亾國篇昔齊桓公立稷下之官設大夫之號招致賢人而尊寵之自孟軻之徒皆

遊於齊所云齊桓公乃田午也然孟子至齊則在宣王時亦誤

素問一書文義奧衍復多舛亂全元起本已有殘缺王冰重爲詮次未必盡得其意林億校正頗引全注識其異同往日金山錢錫之通守校訂此書雖已寫定欲求宋本印證遲未付栞至嗣子偉甫子馨始登剞劂顧君尙之復作校勘記附行之然其中疑義仍亦不少姑記一二如左外有數條與兪蔭甫太史讀書叢錄同者不復及

上古天眞論以妄爲常王注寡於信也案自以酒爲漿下五句皆與上飲食有節起居有常不妄作勞反對此妄字卽上不妄作勞之妄訓爲寡信殊迂闊

夫上古聖人之教下也皆謂之虛邪賊風避之有時案此三句與上下文全不相涉下四氣調神大論云賊風數至生氣通天論云雖有賊邪弗能害也又云故風者百病之始也金匱眞言論云八風發邪以爲經風觸五藏邪氣乃發乃言風邪之理或是彼篇錯簡肰文氣不接恐尚有脫文

月事以時下注所以謂之月事者平和之氣常以三旬而一見也案此注仍未醒豁當云陰法月月盈則虧故月事以時下

此其道生注惟至道生乃能如是案經文四字文不成義當有缺誤注乃強解

生氣通天論因於寒欲如運樞起居如驚神氣乃浮注言因天之寒當深居周密如樞紐之內動案此下因於寒因於暑因於濕因於氣皆言病源欲如運樞云云乃各項病狀林億引全注本作連樞云陽氣定如連樞者動繫也蓋謂寒氣收斂陽爲所束故不能適意則勞擾不安而神氣不得靜也王本誤連爲運而强爲之說非經意也欲字疑誤詳全注當是動字

陰陽離合論陰陽䨓䨓注䨓䨓言氣之往來也案字書韵書絕無䨓字據王注則卽易咸九四憧憧往來之憧字也从心从童京房作憧憧音昌容反故林引別本作衝衝衝亦本作衝也

陰陽別論陰陽結斜案斜乃糾字誤

移精變氣論外無伸宦之形伸宦字不可解或以爲仕宦之譌案林億引全本伸作臾疑臾乃貸之爛文

脈要精微論岐伯曰反四時者有餘爲精不足爲消應太過不足爲精應不足有餘爲消陰陽不相應病名曰關格林云詳此岐伯曰前無問案此三十九字突出與上下文不接下玉機眞藏論篇論脈反四時帝旣再拜稽首著之玉版其文已畢下五藏受氣云云仍岐伯之言而上無岐伯曰三字疑此文卽彼篇錯簡

三部九候論上部天兩額之動脈九句林云詳自上部天至此一段舊在當篇之末義不相接今依皇甫謐甲

乙經編次例自篇末移置此也案岐伯對帝先言下部次中部次上部故下文亦先言下部之天以候肝地以候腎人以候脾胃之氣次及中部次及上部次及五藏之敗三部九候之失次及可治之法竝無缺文篇末九句複衍無義林既悟其非而漫移於此亦蛇足矣宜刪

通評虛實論岐伯曰脈氣上虛尺虛是謂重虛注言尺寸脈俱虛林按甲乙經作脈虛氣虛尺虛此少一虛字多一上字王注言尺寸俱虛則不兼氣虛也案下文明列氣虛尺虛脈虛三款蓋此文脫誤若如王注則一脈虛而已

所謂氣虛者言無常也注寸虛則脈動無常案經文明

云言無常何得以脈動解之林引楊上善云氣虛者膻中氣不定也然則言無常謂言語不屬正與下行步恇然相對

鍼手太陰各五刺經太陽五刺手少陰經絡傍者一足陽明一上踝五寸刺三鍼注經太陽謂足太陽也手太陰五謂魚際穴在手大指本節後內側散脈案經文先言手太陰次言經太陽注乃先釋經太陽又經祇手太陰經太陽手少陰足陽明注又增手太陽足少陽此節論刺驚癇刺霍亂則已注在前節而此注末云悉主霍亂疑傳寫錯亂

刺熱篇太陽之脈色榮顴骨熱病也注顴骨謂目下當

外眥也案榮顴者色之見於面部者也言顴不必言骨林引楊上善骨字下屬是

大奇論并虛爲死注腎爲五藏之根肝爲發生之主二者不足是生主俱微故死生主當作根主

脈解篇所謂耳鳴者陽氣萬物盛上而躍案萬物二字空衍上節云所謂強上引背者陽氣大上而爭是其例

刺齊論黃帝問曰願聞刺淺深之分岐伯對曰刺骨者無傷筋全篇案上篇刺皮無傷肉云云誡其太過已言之矣此又云刺骨者無傷筋則恐刺深者誤傷其淺也然文似有倒亂當云刺骨者無傷筋刺筋者無傷脈刺脈者無傷肉刺肉者無傷皮下文當云刺骨無傷筋者

鍼至骨而去不及筋也刺筋無傷脈者至筋而去不及脈也刺脈無傷肉者至脈而去不及肉也刺肉無傷皮者至肉而去不及皮也末節又解上篇之意亦有脫誤當云所謂刺皮無傷肉者病在皮中鍼入皮中無傷肉也刺肉傷脈者過肉中脈也刺脈傷筋者過脈中筋也刺筋傷骨者過筋中骨也刺骨傷髓者過骨中髓也中脈中筋中骨中髓之中當讀去聲與下篇刺中之中同此與上篇本當爲一篇葢後人妄分

調經論洒淅起於豪毛注洒淅寒貌也林引甲乙經洒淅作悽厥太素作洫泝楊上善云洫毛孔也逆流曰泝謂邪氣入於腠理如水逆流於洫案悽厥亦寒貌與洒

淅文異義同洫與洒形近而譌泝則淅之壞文刺要論云泝泝然寒慄皮部論云邪之始入於皮也泝然起毫毛開腠理泝皆淅之誤楊訓洫爲毛孔未知所本且如其說則當作泝洫矣

四時刺逆從論刺五藏中心一日死案自此至篇末與上帝曰善三字不相蒙當有脫文

文選阮嗣宗詠懷詩西遊咸陽中趙李相經過趙李六臣皆無注或據漢書何並傳有陽翟輕俠趙季李款多蓄賓客以氣力漁食閭里爲證案谷永傳又以掖庭獄大爲亂阱搒箠瘤於炮格絕滅人命主爲趙李報德疑卽趙季李款然何並爲潁川守而谷永所言是長安中

事於咸陽尤切

舒藝室續筆終

舒藝室餘筆

辛巳仲夏

華亭胡公壽署檢

舒蓺室餘筆卷一

南滙張文虎孟彪

詩周南葛覃序云后妃之本也次章傳云古者王后織玄紞公侯夫人紘綖卿之內子大帶命婦成祭服士妻朝服庶士以下各衣其夫明是言婦人已嫁之事故三章末云歸甯父母傳曰父母在則有時歸甯耳箋云言嫁而得志猶不忘孝其解本同乃續序以爲后妃在父母家志在女功躬儉節用服澣濯之衣尊敬師傅則以言告言歸爲于歸之歸故其傳云婦人謂嫁曰歸夫女將于歸必自告於師氏邪然序又云則可以歸安父母則末句仍以歸甯連文而陳氏奐傳疏則讀可以歸截

句於文義不順未知果得傳意否古經不詳家庭婦子相見之禮歸甯無文抑有而傳者佚之故說經者以爲始自春秋陳疏以父母在則有時歸甯耳七字爲箋文誤入傳

卷耳詩葢文王入朝於殷或奉命征伐后妃念其行役之苦而作金罍傳云人君黃金罍則我者我文王也若如續序則后妃自我乎我臣下乎兔罝詩則墨子尚賢篇所偁文王舉閎夭泰顛於罝網之中是已而序又云后妃之化然則文王之求賢好德皆賴後宮矣

芣苢序云后妃之美也續序益之云和平則婦人樂有子矣有子之云附會於逸周書王會解彼文本云康民以桴苡桴苡者其實如李食之宜子說文艸部苢芣苢

一名馬舄其實如李令人宜子从艸㠯聲周書所說陸璣義疏云馬舄一名車前攷本草車前無宜子之說亦不似李黃公紹韻會改其文爲如麥飾說耳車前賤艸隨處有之詩在文王時而猶待王會時貢乎段注云凡云一名者皆後人所改爾雅音義引作芣苢馬舄也可證竊謂此說是也說解原文祇此三字餘皆後人妄增葢爲續序所惑

漢廣三章駒與蔞韵傳云五尺以上爲駒與隱元年公羊傳解詁合陳風株林駒韵株小雅皇皇者華駒韵濡驅諏皆侯部字小雅角弓駒韵後饇取亦同釋文於彼兩詩引別本作驕說文亦云馬高六尺爲驕葢所聞異也而於韵不

合或遂欲據彼文以定此章駒字亦爲驕陳疏又謂大夫乘驕（株林傳大夫乘駒陳亦以駒爲驕之誤）漢廣游女非大夫驕爲攝盛然則次章之秣馬攝諸侯與（何云諸侯乘馬）高誘兩注淮南子馬五尺以下爲駒與此傳上下字不知孰誤

汝墳序道化行也蓋商人遭紂之暴慕文王之德而來歸耳兩君子及父母皆指文王續序乃云婦人能閔其君子猶勉之以正三復詩言及毛傳全不相涉

召南甘棠三章召伯所說傳說舍也箋云說猶舍息也案天官掌舍鄭注舍行所解止之處說蓋稅之假借字稅有斂義故云舍息猶言稅駕

羔羊詩素絲五紽素絲五緎素絲五總紽緎總皆數也

本王氏述聞江都汪氏中釋三九曰凡一二之所不能盡者則約之三以見其多三之所不能盡者則約之九以見其極多此言語之虛數也其說韙矣而未盡也一二三者數之少四五六者數之中七八九者數之多此三等之數猶論語言始有少有富有也此詩之五紽五緎五總言五不變而紽緎總不同騶虞之五豝五豵亦言五不變而豝豵各異王風采葛之三月三秋三歲言三不變而月秋歲遞進鄘風干旄之良馬四之良馬五之良馬六之則舉三中數摽有梅之其實七其實三則舉自多至少兩數皆約略言之非指實數凡見於經傳者不勝舉可以類推

邶風柏舟序泛云仁而不遇也續序以爲衞頃公時鄭譜從之未知何據列女傳謂衞寡夫人所作潛夫論云貞女不二心以數變今以弟二章審之疑衞之宗室諫於其君被讒而退猶不忘君也曰我心匪鑒不可以茹者傳云鑒所以察形也茹度也謂以鑒照物一過即空大雅烝民柔則茹之方言云茹食也謂如食之下咽與度義亦近而我心不能恕置也曰亦有兄弟不可以據者宗室之親豈伊一人而已則孤立無助也　威儀棣棣不可選也襄三十一年左傳北宮文子引之以譏楚圍毛傳訓選爲數似詰鞫說文選遣也遺縱也蓋謂人之威儀不可以或縱乃已則自盡其道而爲羣小所嫉也　日居月諸胡迭而微說文

迭更代也微者猶小雅十月之交云彼月而微此日而微也鄭箋於此微字訓虧傷於彼訓不明其義同蓋以君之過比日月之食也曰心之憂矣如匪澣衣者日月之食人皆見之其更人皆仰之如衣污之宜澣猶冀其君之改過也曰靜言思之不能奮飛則卽首章以敖以遊之意蓋無可柰何之想也嘗以離騷徵之我心匪鑒不可以茹所謂余固知謇謇之爲患兮忍而不能舍也薄言往愬逢彼之怒所謂荃不察余之中情兮反信讒而齌怒也曰慍于羣小所謂衆皆競進以貪婪兮憑不猒乎求索羌內恕己以量人兮各興心而嫉妬也心之憂矣如匪澣衣所謂怨靈修之浩蕩兮終不察夫民心

閨中既邃遠兮哲王又不悟也靜言思之不能奮飛則卽駟玉虬以椉鷖兮溘埃風以上征以下至終篇云云也屈子亦楚之同姓故所言與詩人略同而詩言甚簡騷則曲折盡情可以互證或以爲莊姜作亦近之

燕燕二章之子于歸遠于將之案文十五年公羊傳解詁將送也又見釋文然則遠于將之卽上云遠送于野下云遠送于南毛傳將行也義雖近而不若訓送之直截故集傳從之

凱風序美孝子也蓋其母歎子之奉養故七子作詩自責而續序乃云衞之淫風流行雖有七子之母猶不能安其室則其詩雖云自責實招其親之過何云孝子而

孟子猶以爲親之過小乎

匏有苦葉序刺衞宣公也葢謂衞宣公時之詩耳續序乃云公與夫人竝爲淫亂竟如歐後語則何以解後二章乎今三復詩意則疑當淫亂之時獨有守禮自好之士不隨污俗故詩人美之也

匏與瓠一類而二種匏苦瓠甘瓠可食匏不可食碩人齒如瓠犀南有嘉魚甘瓠纍之瓠葉幡幡瓠葉采之亨之瓠豳風八月斷壺壺乃瓠之借字八月瓠老不可食斷取以爲種此謂瓠也此云匏有苦葉瓠甘葉亦甘匏苦葉亦苦公劉酌之用匏則謂匏也詩言匏瓠迥別而後世混其偁故毛傳云匏謂之瓠瓠如瓜而長俗亦謂之扁蒲玉篇⿰扁瓜白⿰扁瓜瓜疑即此匏圓而扁小者徑不及二寸大者如槃有徑二三

尺者[又有長而束腰者俗統謂之壺盧]其小者用以爲酒器如公劉詩所偁[郊特牲器用陶匏]其大者可用以濟渡莊子逍遙遊今子有五石之瓠[此匏也而偁瓠其相混久矣]何不慮以爲大樽而浮乎江湖釋文引司馬云樽如酒器縛之於身浮於江湖可以自渡魯語叔孫穆子曰豹之業及匏有苦葉矣[此斷章取義以示必濟]叔向曰夫匏不材於人共濟而已韋注佩匏可以渡水也論語吾豈匏瓜也哉焉能繫而不食亦謂匏止可以備濟渡而不可食也匏春種夏實必經霜葉落然後乾之以待用[說見宋嚴氏詩緝]今止云匏有苦葉則未知爲葉之始生而未有實抑葉之未落而不可用蓋詩人見此而興起其感耳　深厲淺揭以徒涉言濡軌以車

濟言高郵王氏謂不乃語辭見經傳釋詞傳中由輈以上爲軌軌上脫濡字皆甚塙其謂輈乃軸字誤見述聞則未必然此輈字正是入輿下四尺四寸之輈考工記六尺有六寸之輪軹崇三尺有三寸也加軫與轐焉四尺也軹謂之軌亦謂之車轊頭蓋軸之兩端也軸貫輪心當半輪之高軸上爲轐兩轐在軸之中間附軫以固軸軫與轐其厚七寸故加於三尺三寸之高爲四尺也輈之入軫下者四尺四寸當兩轐之閒轐謂之伏兔故此云當兔是輈在軸之上卽在軌之上水至此則軌没於水故云由輈以上爲濡軌也輿之廣如輪之崇記云輿人爲車輪崇車廣衡長參如一軸之任輿者亦如之而其兩端出轂外兩軌之閒卽兩輪之所踐故轍迹亦

謂之軌其實一事也若爲軌前十尺之輈則豈特濡軌而已　傳言飛曰雌雄走曰牝牡徵之爾雅信然然釋鳥鶴鶉其雄鵲牝痺則亦有通用者昔人舉南山之雄狐牧誓之牝雞顧氏日知錄舉無羊之以雌以雄又廣及左傳莊子焦氏易林山海經皆古書以見其不可拘予謂雉鳴求牡亦止言女之自媒求匹而依毛者必謂以飛雌求走牡則曲禮云夫唯禽獸無禮故父子聚麀說文云駃騠馬父蠃子也蠃驢父馬母也何以以人之偁逼於畜乎　古禮霜降逆女冰泮殺止見荀子月令季秋之月鴻鴈來霜始降故曰雝雝鳴雁又曰士如歸妻迨冰未泮此昏娶之時也男先乎女無媒不交無幣不

相見如乘舟者必待舟子此昏娶之禮也今求匹之女旣非其時又無其禮如無匏而厲涉濡軌而亂流此所謂自獻其身守禮之君子所不受也　或言濟卽泉水出宿于泲之泲二字古通

谷風序夫婦失道也衞人化其上淫於新昏而棄其舊室夫婦離絕國俗傷敗焉此詩毛傳甚明集傳意亦相近惟辨說云亦未見化其上之義則果矣大序云國史明乎得失之迹傷人倫之廢吟咏性情以風其上故凡風俗之善則歸美於上風俗之惡則歸刺於上周南全詩皆屬於文王之化后妃之德邶鄘衞以下多有民閒之詩而動曰刺某君刺某君蓋人君不能修德則其下

化之故往往斥及其君太王之時內無怨女外無曠夫而孟子以爲由古公亶父之好色亦猶是也衞自莊公寵其嬖妾而疏莊姜民習其化淫新昏而棄舊室詩人傷焉其義灼然而云未有以見化其上之義蓋決於駁小序耳　黽勉同心不宜有怒采葑采菲無以下體蓋始來之時相約如此德音莫違所謂言猶在耳也　中心有違不忍去也不忍去故行道遲遲也孔子之去魯曰遲遲吾行也亦此意畿門內也者不踰梱也國語夫人送王不出門屏孟子母之送女止於門婦人之禮耳丈夫之送賓亦止於門則薄矣陳氏毛傳疏引白虎通出婦之義必送之接以賓客之禮蓋此時視之如荼而昔日新昏之時甘如薺也詩中三言晏爾新昏

二章五章皆憶舊三章則斥新人　涇指新人渭指舊室涇以渭濁益新人必有以已之濁誣其舊室者湜湜其沚猶古詩云水清石自見也晏爾新昏不我屑以則涇昏者不能辨別耳舊解皆以涇喻舊室渭喻新昏惟陳疏得之　葑菲荼薺梁笱皆據平日勤儉習苦者而言　莊二十七年公羊傳注婦人有三不去嘗更三年喪賤取貴有所受無所歸亦見大戴記本命及家語今詳三四五章則嘗與共貧賤矣共患難矣三年之喪亦患難也且云既生既育則已育子矣云以我御窮則資以爲養矣而不念昔者武怒而遺之則不仁實甚李迂仲云所謂將恐將懼惟予與女將安將樂女轉棄予得此詩之旨矣

式微中露泥中毛傳皆云衛邑於古未聞集傳解中露爲露濡泥中爲陷溺案中露猶言露處載馳序云國人分散露於漕邑是也或云露當爲路孟子率天下而路是也泥中李迂仲解爲泥塗蓋衛雖處黎侯於東地而待之不以禮如齊景之於魯昭耳

簡兮序刺不用賢也蓋旁觀之詞惜其有材如此屈於伶官不得如兔罝之武夫爲國干城故末章思有君如文王者耳集傳乃以爲賢者自言夫自偁爲碩人自狀爲俁俁自詡有力如虎豈東方生滑稽之流邪惟舊作三章章六句集傳作三章章四句一章六句則得之

泉水二章追憶之詞三章則設想也嚴華谷云沸彌以

下以女子有行言之則爲嫁時宿餞之地干言以下以遄臻于衛言之則爲思歸而宿餞之地語簡而義塙陳疏以還車爲大夫反馬殆非

北風序刺虐也衛國並爲威虐百姓不親莫不相攜持而去焉辨說云衛以淫亂亾國未聞其有威虐之政故集傳以爲北風雨雪以比國家危亂將至而氣象愁慘也案三章云莫赤匪狐莫黑匪烏赤者狐也而以爲匪狐黑者烏也而以爲匪烏亂政者小人也而以爲匪小人則朝廷之黑白亂矣然則北風雨雪凝陰之象可知小人成羣賢者相率而退耳其虛其邪既亟只且葢設爲問荅之詞問曰猶可以徐徐乎荅曰去之惟恐不速

爾

靜女序刺時也衛君無道夫人無德集傳以爲淫奔期會之詩案蓋亦化其上耳黄東發云靜女其姝乃奔者自相儞美之辭（語類云靜女者猶無良而曰德音）毛傳泥於定九年左傳之論乃曰女德貞靜而有法度與序全不應不知鄧析私造刑書駟歂殺之（正義以爲殺之不爲此書夫一私造刑書固有可殺之道已而）用其竹刑故君子論之謂既用其書不當殺之比之靜女雖淫而有取於三章之彤管則不遺其詩蓋斷章取義之意故上云苟有可以加於國家者棄其邪可也曰邪則不以此詩所云眞爲靜女可知城隅即桑中之期貽我彤管自牧歸荑亦貽我握椒之類（李迂仲亦云）其取之

者以彤管之言與宮中女史事偶涉耳其實援引不倫所論亦未塙若因竹刑而殺則其書不當用若因他罪而殺則宜論其罪何如苟罪有不可赦則用其書之刑刑之而已

新臺詩刺衛宣瀆倫無恥强爲偃仰以說婦人籧篨似斥言牀第不鮮不殄皆謂其粗惡譬喻之辭殄字鄭讀爲腆是也不殄猶之不鮮毛傳訓絕非

鄘風柏舟序言衛共伯蚤死蓋得其實史記衛世家之言不足信也序僞其妻守義父母欲奪而嫁之則共伯未昏然詩三言兩髦共姜何以見之曰曾子問曰取女有吉日而女死如之何孔子曰壻齊衰而弔既葬而除

之夫死亦如之蓋共伯雖未昏而已有吉日共姜亦必如禮往弔故得而見之也既弔而歸父母欲奪其志故作詩自誓天者呼天而誓之獨呼母者婦女之常毛傳訓天爲父不詞

牆有茨言之長也長謂委曲不可盡集傳云託以語長難竟義亦同毛傳云惡長也不成文義陳疏云言君之惡長案此自謂昭伯及宣姜於惠公無涉君指何人

定之方中序文公徙居楚丘始建城市而營宮室傳云定營室也方中昏正四方箋云定昏中而正謂小雪時其體與東辟連正四方周語營室之中土功其始韋注云建亥小雪之中定星昏正於午與毛鄭合皆言昏正

無異說南海曾氏釗見所箸毛鄭異同辨據春秋僖公二年春王正月諸侯城楚丘謂徙居要在正月後安得至小雪時疑方中爲斥旦中當爲夏時四月其意謂方城時不及徙又似疑毛鄭所云當在是年夏正小雪節者則惑之甚矣夫春秋經書春王正月乃周正建子之月以三統術推之是年天正月戊辰朔年前十二月己亥朔甲子小雪則正月朔距小雪止五日故陳疏以爲魯僖公元年十二月事案左傳二年春諸侯城楚丘而封衞焉不書所會後也杜注諸侯既罷而魯後至諱不及期故以獨城爲文葢築城非一日之功至是而已畢且是時衞實露處或不待其功畢而始徙也此可釋曾氏之疑

蝃蝀詩蝃蝀在東莫之敢指朝隮于西崇朝其雨案曰乍出而虹見於西則雨日將落而虹見於東則雨止虹者太空之氣與雲氣相雜日射之而成影如日射水中倒影於上亦或成五色文也禮記樂記地氣上齊鄭注齊讀爲躋躋升也釋文又作隮案史記樂書正作隮其訓與毛傳合樂記又云化不時則不升男女無辨則亂升此詩所斥其在此與

衞風竹竿序衞女思歸也適異國而不見荅思而能以禮者也辨說以爲未見不見荅之意嚴華谷云婦人以夫家爲歸者也衞女旣嫁異國而反思衞之樂蓋於異國不得其所則思故鄉也此雖不言其夫家之不見荅

而觀其思歸之切如此則其情不言可知旨哉斯言眞可謂能以意逆志者矣

王風黍離序無可議李迂仲謂與麥秀之歌同誠然然但自敘悲閔而未斥及狡童則尤爲忠厚葢所處之位異也韓詩以爲伯封作（見御覽）新序又以爲衛宣公子壽作岐之中又有岐薛君章句（亦見御覽）解云詩人憂懣不識於物視彼黍離反以爲稷之苗竊以爲凡誤識者必先言誤識之物然後諦審之而知其爲此物觸目而見以爲彼黍之離離邪諦審之而知爲稷之苗也（二三章同）此詩雖述憂思迷惘而亦寓柳往雪來之感葢稷爲首種而收獨後（見程瑤田九穀考）由苗而穗而實已閱三時見行役

之久也

君子于役序以爲大夫之思君子集傳改爲室家之思夫無可證也詩中兩言羊牛本無義例埤雅造爲羊性畏露歸先於牛之說而集傳取之然則易言龍蛇而孟子言蛇龍何邪文選班彪北征賦注謝靈運擬鄴中集詩注引毛詩竝作牛羊

君子陽陽序閔周也君子遭亂相招爲祿仕全身遠害而已案此則所謂全軀保妻子者也文恬武嬉自道其樂漫相牽引旁觀者嗤之嗤之正憂之也故曰閔周集傳乃以爲亦前篇婦人所作宜爲陳長發所譏見稽古編

中谷有蓷暵其乾矣毛傳暵菸貌陸草生於谷中傷於水案暵不當有菸義說文水部灘水濡而乾也詩曰灘

其乾矣然則許見本作灘許自言偁詩毛氏是毛本如此今作暵者後人省借也說文菸鬱也一曰婑也婑病也義與萎婑近段解菸字云一物而濡之乾之則菸也此於毛許義兼得首章云暵其乾矣雖未濡於水而水氣及之色已菸矣次章云暵其脩矣則已及濡而有時仍乾故傳云脩且乾也史記倉公列傳流汗出滫王氏雜志云滫當作潃潃者流汗出而乾也亦引此詩爲證末章云暵其溼矣則全濡而不可爲矣水濡以漸由淺而深蓋夫婦之誼不能恝然便絕始也因飢寒而交讁繼也無所措而欲離終至決然舍去其情事如此

鄭箋雖之傷於水義亦同毛乃云始則溼中則脩久則乾乃適相反而於詩亦先後倒置蓋溼字與乾字

互誤耳
采葛序懼讒也豈亦如京房之不欲遠離左右邪味一
彼字疑亦居者之思行者與君子于役同義
鄭風大叔于田首章譽其勇又戒之次章盛偁其射御
三章戒以勿馳騁勿恣射勸其釋掤鬯弓以休息愛之
乎抑危之也蓋叔段之狂騃莊公之陰險克鄢之舉固
已燭照數計
有女同車以下五詩序皆云刺忽集傳斷以爲淫奔而
極辨昭公之寃無論聖人刪詩卽彼編詩者何爲廣取
淫辭乎忽惡高渠彌救齊辭昏又以班後之怒爲郎之
師故傳言其有壯狡之志辨說旣偁其守正又謂柔懦

疏闊又謂狡童序刺其不能與賢人圖事權臣擅命則是公猶在位豈可遽以狡童目之不知有女同車序刺忽以無大國之助至於見逐則此下諸詩皆以事後追咎之辭然則狡童之偁同於麥秀之歌所謂不與我言兮不與我食兮亦與不與我好兮同意也祭仲本勸昭公必取於齊不見聽又以宋人之逼歸而立突公羊傳美其有權蓋即此序所謂權臣穀梁傳亦曰權在祭仲也

山有扶蘇序刺忽也所美非美然然則狂且狡童是忽所美也而傳云狡童昭公也則狂且亦昭公而與序義岐出矣狡童傳又云昭公有壯狡之志何以不釋於前

而釋於後汪氏龍詩異義以狡童昭公也五字爲狡童傳之錯簡然則此兩章之狡童義不同邪

蘀兮似刺忽疏於宗室蘀謂不殖將落吹女漂女有敗之者矣惟一本之誼宜相助以自強

揚之水終鮮兄弟惟予與女又曰終鮮兄弟惟予二人疑詩人代爲忽突悔過之詞故曰詩之教溫柔敦厚

出其東門有女如荼案有女如荼猶之首章有女如雲耳傳云荼英荼也言皆喪服也則何以解雖則如荼匪我思且乎陳疏曲狥毛義牽引匍匐救之亦太迂矣

齊風雞鳴無庶予子憎偁君爲子義不協傳云無見惡於夫人亦不可通陳疏云子乃于之誤引比予于毒賓

予于懷胡轉予于恤爲證如此則與傳文正相發傳中於字卽經之予字也案此詩首章次章上二句皆夫人告君下二句皆君荅夫人三章上二句君之言下二句則夫人之言其意甚明

南山序刺襄公也案魯桓立三年而娶文姜六年而子同生十五年而齊襄立十八年而與文姜如齊此時文姜嫁已十六年子同已十三歲而有此淫行不可解也

甫田序刺襄公也末章婉兮孌兮總角丱兮未幾見兮突而弁兮案齊襄乃文姜之兄其立在文姜嫁後十三年則非少主矣此章所云不合事理疑此詩與猗嗟同意突而弁兮卽頎而長兮之謂失其次在前故序以爲

刺襄

陟岵傳山無草木曰岵山有草木曰屺爾雅釋山多草木岵無草木峐釋文引三蒼字林聲類竝云峐猶屺字而它無異文說文岵山有草木也屺山無草木也釋名玉篇廣韻皆同詩釋文引王肅亦從爾雅孔沖遠以爲毛傳傳寫誤案山有草木其常也多則別之曰岵義與怙近似雅訓爲優然藝文類聚七引爾雅云多草木曰屺無草木曰岵陳疏引唐語林施士丏說山無草木曰岵則似唐本爾雅亦有作無草木岵者段注說文以毛詩所據爲長竝存之可也　首章猶來無止毛傳父尚義陳疏以爲有戒勉意勿止者勸以義也此淡得毛意

秦風黃鳥序哀三良也國人刺穆公以人從死而作是詩也案以人從死戎狄之惡俗或謂穆於春秋尚爲賢主何亦出此夫穆之爲人女晉文而媵以懷嬴前盟口血未乾而潛師襲鄭豈知禮義者其卒也從死者百七十七人仍戎狄耳秦本紀正義引應劭云穆公與羣臣飲酒酣公曰生共此樂死共此哀於是奄息仲行鍼虎許諾及薨皆從死漢書匡衡傳秦穆貴信而士多從死其所謂信匹夫匹婦之爲諒也班孟堅敘傳偁田橫義過黃鳥蘇子瞻三良詩本此夫田橫自知不容於漢而自剄二客及五百人從之可謂之義士若三良之死果何爲哉亦戎狄之俗而已矣　臨穴惴慄蓋送者之

言集傳以爲康公迫而納之於壙似非詩意
晨風詩隰有六駮正義引陸璣義疏以駮爲梓楡與苞
櫟苞棣樹檖相配集傳從之塙不可易毛傳云駮如馬
倨牙食虎豹不類
無衣序刺用兵也秦人刺其君好攻戰亟用兵而不與
民同欲焉案此序不著何世續序與詩意亦不協陳疏
以爲亦刺康公此時秦未偁王而詩三偁王于興師此
何王邪定四年傳申包胥如秦乞師哀公爲之賦無衣
則詩非刺用兵好戰可知曰同袍同澤同裳蓋卽同仇
之義則亦非不與民同欲也疑此爲周平王命襄公伐
戎時所作秉王命而興師不啻從王師也失其次故羼

列於康公時

渭陽序康公念母也據列女傳重耳入秦穆姬已死及其還晉而太子罃送之是詩在穆公時作亦失其次而列此續序以爲康公卽位思而作是詩豈情事邪

陳風墓門刺陳佗也則夫也不良卽斥佗盍佗之謀篡非一日故曰國人知之所謂司馬之心行路皆知之也曰知而不已誰昔然矣蓋有隱發其謀而不之省顛倒思予所謂它日請念也續序以爲無良師傅則當日傅之者或教猱與

澤陂有美一人疑指憂國者君臣淫亂有心者傷之續序止云男女憂傷淺矣

曹風蜉蝣蜉蝣掘閱毛傳掘閱容閱也箋云掘地解閱正義引義疏云夏月陰雨時地中出本草綱目云蜣蜋蜉蝣腹育天牛皆蠐螬蠹蝎所化案掘說文引作堀堀突也蓋凡蟲出地時必觸其土使鬆乃隨而出嘗見土蠭穿地頻出頻入悉發穴中泥於外旣而飛去似銜物入者後乃頻頻倒入穴仍發其泥以自揜悟所謂掘閱者如此堀者土鬆則突然高起也閱者頻頻也箋所謂解閱也傳云容閱謂使土鬆處足以容身出入義亦相近大戴記曾子疾病篇魚鱉黿鼉以淵爲淺而蹷穴其中阮注引王引之云蹷讀爲撅掘也彼文蹷穴卽此文掘閱

豳風七月蓋公劉克篤前烈開國於豳民樂其化而歌

之時在夏末不可列於周南召南亦不可列於雅故別爲豳風鴟鴞周公所自爲東山以下皆士大夫作宜列雅而今亦附此疑以此篇八章不成卷而足之諸家紛紛辨論未敢强作解人序以七月爲周公作亦未信女心傷悲殆及公子同歸傳云傷悲感事苦也豳公子躬率其民同時出同時歸也所謂感事苦者求桑采蘩多勞苦耳乃中閒增春女悲秋士悲感其物化也三句農桑樸俗雜以懷春殊爲不類又此所云豳公子自謂慶節而陳疏以爲成王夫自大王遷岐以至武王有天下去豳已四世而猶偁成王爲豳公子邪且成王又何以至豳與其民同時出同時歸也案狼跋詩公孫碩膚傳云公孫成

王也豳公之孫也葢誤讀孫爲如字故箋易之云公周公也知傳義之不可通矣乃毛以成王爲豳公之孫陳疏又以成王爲豳公之子總由附於豳風卷內刻畫一豳字耳

鴟鴞既取我子無毁我室傳云甯亡我二子不可以毁我室是以二子爲管蔡下文恩斯勤斯鬻子之閔斯傳云稚子成王也一簡之中兩子字異訓且經云我子不云二子也竊謂玉篇取有資義室者子之所資既恩勤斯子則宜保此室也

小雅伐木伐木丁丁鳥鳴嚶嚶爾雅釋詁嚶嚶音聲和也葢伐木以相助爲義鳥鳴以相和爲義毛傳牽連爲

說故云嚶嚶驚懼聲也若鳥因伐木而驚懼則當下喬木而入幽谷矣陳疏知其不可通而又強爲迴護門戶之見耳

六月詩張仲孝友箋云張仲吉甫之友其性孝友盍謂飲至之時有此人以爲吉甫重也傳云使文武之臣征伐與孝友之臣處內已覺稍迂然猶可通李巡注爾雅乃云張姓仲字其人孝故偁孝友以友爲朋友之友不辭

吉日吉日維牡傳維牡順類椉牡也吉日庚午傳外事以剛日案戊與庚皆剛日則傳文外事以剛日五字當屬首章維戊下午爲馬故云順類而剛椉之則順類椉

馬四字當屬次章庚午下疑互誤

鴻雁末章句維彼愚人謂我宣驕似臣下奉使安集黎民而中被謗議宣驕謂自鳴其功也襄十三年傳穆叔見范宣子賦此詩止取爰及矜人哀此鰥寡及哀鳴嗸嗸義而孔疏謂以譏晉有驕慢之意則以辭害志矣

沔水序規宣王也三章曰我友敬矣讒言其興疑即所謂謂我宣驕也宣王不終其德晚歲信讒故臣僚相戒如此

白駒皎皎白駒以白駒比賢者耳傳云賢者棄白駒而去則來朝走馬後又一騎馬之證矣

黃鳥序刺宣王也蓋宣王始勤終怠無復勞來安集之

舉薄俗化之相投者惘然以去不我肎穀不能通有無也不可與明不可與逃困苦也不可與居井不能與居處矣傳以室家爲言故訓明爲明夫婦之道又云婦人有歸宗之義陳疏亦多方以解

我行其野與黃鳥同意戴岷隱云刺衰世俗薄更甚於黃鳥信然見續讀詩記

沔水以下六篇皆在宣王晚年失政之時而斯干無羊則在其前今本疑失次

節南山駕彼四牡四牡項領我瞻四方蹙蹙靡所騁箋云四牡者人君所乘駕今但養大其領不肎爲用喻大臣自恣王不能使案後漢書宦者傳呂強疏羣邪項領

意謂不可篤御與鄭箋同陳疏歷引潛夫論中論新序費鳳碑抱朴子以爲謂賢者懷材莫用靡所馳騁箋義非傳意然傳文止云項大也騁極也未知毛與鄭同異古人引詩斷章取義不必盡合作詩之旨也　式訛爾心陳疏云訛當作吪破斧傳吪化也案無羊傳訛動也字从化聲亦引申其義从言从口古字多通動則變變則化其義相因不煩改字

正月父母生我傳父母謂文武也案呼天地呼父母告哀之常傳訓似迂　燎之方揚甯或滅之傳云滅之以水也案滅之以水者猶淖博士所謂此禍水也滅火必矣故下云赫赫宗周褒氏威之也陳疏以燎之方揚爲

惡萌易滋非傳意

雨無正名篇之義不可解前卷據元城語錄引韓詩多雨句聊備一說耳至讀詩記所引董氏說作正大夫刺幽王則與詩中正大夫離居莫知我勩語氣不合且正卽政字何煩增改我友烏程汪謝城曰楨以爲不足信是也　淪胥以鋪傳淪率也案淪胥以鋪卽載胥及溺之意漢書敘傳晉灼引齊韓魯詩淪作薰後漢書蔡邕傳李賢注引作勳皆訓爲帥薰勳率帥古皆通用淪从水薰勳从火意義相同孟子以虐民比水火是已述聞謂鋪當如李賢引作痡又史記酷吏列傳舞文巧詆下戶之猾以焄大豪索隱本焄作熏灸之是熏又通作焄豳風七月穹窒熏鼠熏義

亦同

小旻我龜既厭不我告猶猶西伯戡黎所謂格人元龜罔敢知吉也　不敢暴虎不敢馮河人知其一莫知其他稽古編曰前五章皆刺時之語末一章獨爲自警之詞葢先言小人謀議不臧譏王誤聽因又自言當明哲保身不可攖小人之怒陳疏引荀子臣道篇昭元年左傳高注淮南子本經篇呂覽安死篇爲證案戾太子之事所謂暴虎馮河也郭子儀之辟盧杞所謂敬小人也孟子曰獨孤臣孽子其操心也危其慮患也深此之謂矣

小宛序大夫刺幽王也案以首章四章觀之疑亦周之

宗室所作教誨爾子式穀似之譏幽王棄伯服而不教也此二句毛傳無文本不連上楊雄誤讀遂為類我之說於是鶡鴠猩猩外又有一能言之蟲

何人斯序蘇公刺暴公也伯氏吹壎仲氏吹篪猶吹笙鼓簧唱予和女之意謂同官為僚誼當如此也世本遂云暴辛公作壎蘇成公作篪古書可盡信乎

大東後三章雜舉天象以泄其忿退之三星行玉川子月食詩所祖

四月先祖匪人猶言在天之靈耳陳疏讀匪為彼仍詰鞫

北山溥天之下莫非王土縱言之率土之濱莫非王臣

衡言之

小明序大夫悔仕于亂世也案疑此亦居者之思勞人前三章首八句皆代爲勞人之言我者我其勞人也末四句則詩人念之之詞彼者彼其勞人也共即後所謂靖共爾位者也後二章則又勉而慰之

楚茨楚楚者茨言抽其棘自昔何爲我蓺黍稷謂今之蕪穢而生茨棘者實昔之蓺黍稷而祀先祖者也抽者擂之或體說文云引也

頍弁如彼雨雪先集維霰傳云霰暴雪也箋云雨雪始必微溫雪自上下遇溫氣而摶謂之霰久而寒勝則大雪矣此鄭申毛義然則暴雪猶初雪也謂初日暴今俗亦有此言案

說文㬥古文作⿱雨麃⿱雨麃疑卽角弓雨雪麃麃之麃字㬥音近麃麃㬥雪皃說文霰稷雪也段注稷雪之如稷者似得其解今俗謂雪珠爾雅釋天雨霓爲霄雪郭注霰氷雪雜下者故謂之消雪夫雪已是氷何云氷雪疑氷乃雨字之誤雨雪雜下俗謂雨夾雪每雨而作雪則先霰謝惠連雪賦霰淅瀝以先集或遇日光照之則霰隨止而不成雪說文霓霰之重文霄消蓋通用霰从散與消義近霓从見謂乍見也蓋亦㬥雪之意抑亦有取於見晛曰消也頍弁詩慮其成雪角弓詩斥其易消義相因而意各有在

菀柳上帝甚蹈無自暱焉蹈字傳訓動箋讀爲悼似皆迂遠蓋以上帝指幽王故多窒礙耳竊謂此與天之方

蹶無然泄泄意義相近呂氏春秋知化篇子胥高蹶而出於廷高誘注蹶蹈也傳曰魯人之皋使我高蹈瞋怒貌述聞引之以釋哀二十一年傳蹶蹈古義通上帝卽天也舊說未可從

采綠序刺怨曠也幽王之時多怨曠者陳氏啟源云征役過時王政之失刺怨曠者正刺幽王此說是也五日爲期六日不詹毛傳云婦人五日一御不特不當引諸侯之禮此箋說且亦鄙倍可笑鄭以爲五月之日六月之日集傳謂五日爲去時之約六日爲期而不至皆勝毛竊謂五日六日皆虛數止是言歸期無定日末二章陳疏以爲婦人設想之謂亦本集傳而謂悔不從夫則又

牽於箋疏矣或以爲追想平日義亦通

白華序周人刺幽后也幽王取申女以爲后又得褒姒而黜申后故下國化之以妾爲妻以孽代宗而王弗能治周人爲之作是詩也案此刺褒姒實爲申后作也白華白茅葑菲之意我者我申后也豐水而流于滮池桑薪而烘于煁喻申后之見遠於王也碩人皆指申后宮中之事孰疏孰親外人不得聞然而聞之猶鼓鍾矣王之愛憎失常有心人爲之憂矣

何草不黃序下國刺幽王也四夷交侵中國背叛用兵不息視民如禽獸君子憂之故作是詩也案四夷交侵中國背叛用兵不息行役苦之以兕虎比寇盜以狐比

征夫詩意曉然箋云兕虎比戰士乃謂視民如禽獸恐非詩人之旨史記孔子世家引非兕非虎率彼曠野正以兕虎比陳蔡之徒眾而集解引王肅義同毛特以與鄭樹敵耳說文芃草盛貌有芃者狐蓋言其毛蒙茸傳云芃小獸貌望文生義集傳尾長貌以比有棧之車義可通

大雅文王文王受命作周也箋此詩首章曰文王受命於昭于天又曰文王陟降在帝左右三章曰商之孫子其麗不億上帝既命侯于周服四章曰殷士膚敏祼將于京五章曰殷之未喪師克配上帝其爲武王有天下後追敘之詞甚明蓋在文王時實未偁王也史記周本紀公季卒子昌立是爲西伯西伯曰文王此敘明西伯

卽文王耳下文皆偁西伯不偁文王至武王嗣位後乃云詩人道西伯蓋受命之年偁王其詩蓋卽此篇詩人本追敘而說詩者以爲文王在位時作史公不信也故於下文著之云謚爲文王謂武王所追王也下云改法度制正朔矣追尊古公爲太王公季爲王季則周公制禮時事與中庸合禮記大傳云牧之野武王成大事而退追王太王王季歷文王昌則約略言之耳若文王遽自偁王何解於畔援歆羨而尙云以服事殷也　前四章歷敘文王作周受命之盛忽入殷之未喪師云云亦頌不忘規之意

皇矣維此王季昭二十八年左傳引作唯此文王正義引詩王肅注及韓詩皆作文王稽古編及段氏小箋陳

疏據以爲宜作文王案此句毛傳無文鄭箋止云王季之德比于文王不云此句文王當作王季是鄭所見毛詩亦同今本文選于令升晉紀總論云以至于王季能貊其德音善注引詩無異文孔沖遠亦云毛詩作唯此王季故解比于文王言王季之德可以比于文王也據左傳魏舒爲政以其庶子魏戊爲梗陽大夫恐人議其黨故問於成鱄成鱄引此詩以王季擬舒以文王擬戊釋詩所偁度莫明類長君順比合之文王之文爲九德其釋克順克比之比爲擇善而從杜注比方善事使相從也是比例之比其比于文王之比當訓爲比及之比謂及于文王能兼上八德而爲九故曰經緯天地毛傳本此

其德彌盛而無所缺失也此雖成鱄之詖辭然疑詩義本如此左傳本偶誤作文王韓詩沿之王肅遂掞之以與鄭立異奉毛者又据之以爲毛本亦同韓毛公聞之當壺盧地下也

畔援歆羨對文義當從鄭說見隨筆

誕先登于岸猶伊尹所謂先知先覺承上克明克類克長克君來毛訓岸爲高岸鄭云獄訟陳長發皆以爲迂集傳云道之極至處即大學道盛德至善義而長發以內典彼岸之說黜之然則何以解西方美人爲佛邪

密人不恭侵阮徂共傳以爲阮共二國爲密人所侵箋以爲阮徂共三國黨密犯周故文王侵之正義引張融云本魯詩又引帝王世紀如鄭說案以經文證之傳說是也經先言侵阮徂共

次言王赫斯怒若如魯詩則二語當倒置矣且下章侵自阮疆即此侵阮事若以爲文王侵自阮疆則下無矢我陵四句義不可通集傳雖强解之殊詰穚史記周本紀文王所伐五國止有犬戎即緜詩混夷密須即此密耆邘崇尚書大傳亦同無所謂阮徂共者裴駰集解引徐廣曰耆一作阢正義云耆即黎國是即西伯戡黎之黎耆阢黎音近相借柯淩本徑改阢作阮豈亦惑於魯詩與長發於毛鄭二說不能決陳疏力主毛義是也

下武序繼文也此武字乃步武之武故鄭訓下爲後弟五章云繩其祖武詩人已自釋之毛公於祖武訓迹與生民同而於下武訓繼實一義之引申後人泥於武王

之武乃紛紛立異集傳引或說欲改爲文武何不察之
古義也
生民誕置之隘巷牛羊腓字之誕置之平林會伐平林
誕置之寒冰鳥覆翼之夫祀高禖無子而求子也求子
而得子得子而擯棄暴露之人情乎以其不及月乎則
誕彌厥月矣以其難產乎則先生如達矣不坼不副矣
無菑無害矣毛傳以爲天生后稷異之於人欲以顯其
靈帝不順天是不明也故承天意而異之於天下此眞
兒戲之言鄒叔績（漢勛著有讀書偶識）謂彌月爲過月不遲爲大
遲姜嫄於高辛氏帝崩之月而娠崩後十二月而生故
帝摯謠椽之不以姜嫄爲康大於禋祀爲天所右而以

爲徒然生子非高辛氏之帝嗣故棄之道至靈異顯見但畏天威而不敢殺稷而姜嫄猶然攜稷以大歸於部設想入微然古事既遠略無佐證備解頤而已　此詩自后稷始生至以稼穡開基以成周室而終之曰庶無罪悔以迄于今意思深長陳長發徒俾其章法之工陋矣

既醉釐爾女士案女曰女男曰士此承上家室而言陳疏以爾女連文引孟子入能充無受爾女之實爲證不知孟子所謂爾女乃或俑爾或俑女非以爾女相連且爾卽女女卽爾也如此詩曰釐爾爾士釐女女士可通乎毛公無文鄭讀如字而陳以爲毛讀汝何以見之

鳧鷖序守成也太平之君子能持盈守成神祇祖考安樂之也末章無有後艱傳云言不敢多祈也多祈者對上四章福祿而言蓋不能持盈守成則飲食晏樂或以開奢侈之風陳疏引生民庶無罪悔以迄于今爲解淺合毛義

民勞序召穆公刺厲王也案篇中三偁王曰以定我王曰以爲王休曰王欲玉女疑當時有以不善教王者故召穆公勖之末章復託爲王意亦所以諷王也戎雖小子傳訓戎爲大大雖小子而式弘大文不成義此戎字當訓爲汝曰無棄爾勞曰戎雖小子曰王欲玉女爾戎女皆斥其人板之詩曰及爾同寮亦此意

板之次章曰辭之輯矣民之洽矣辭之懌矣民之莫矣正對上章出話不然爲猶不遠言陳疏引說苑子貢語釋之是也

蕩序召穆公傷周室大壞也案厲王暴虐召穆公不敢直數其惡故首偁上帝以明天道無親之意爾雅釋詁諶信也誠也說文諶誠諦也詩曰天難諶斯家史記伯夷列傳天道無親常與善人管子牧民篇如地如天何私何親韓非子揚權篇若地若天孰疏孰親親與信義相近曰蕩蕩者此上帝也疾威者亦此上帝也蕩蕩則無所不容疾威則隨感卽應蓋天之於人隨所爲而福之禍之無一定也靡不有初鮮克有終可就一人言之亦可就一家一國言之其下七章乃託於文王之數紂以使之自反末云殷鑒不遠在夏

后之世則周亦宜鑒于殷矣蕩之義見於論語續序附會序中周室大壞之語以爲蕩蕩無綱紀傳箋因之以上帝爲指厲王不特失詩意并失序意矣

抑序衞武公刺厲王亦以自警也案衞武公入相於平王之初其卒在平王十三年卽云年百歲則入相時已八十餘矣身當宣幽之世而舍近徵遠以追刺厲王豈宣幽之事無足以爲鑒戒乎說詩者囿於序文必欲屬之厲王以厲之暴詩無一言而但云迷亂于政顛覆厥德荒耽于酒此正斥幽王耳天方艱難曰喪厥國則并在西周失國之後其自言曰借曰未知亦聿旣耄曲禮八十九十曰耄說文九十曰薹（卽今耄字）則此詩作於入相

之後追述既往以戒其嗣亦以諷平王也　首章曰抑抑威儀次章曰謹愼威儀五章曰敬爾威儀八章曰不愆于儀此全詩宗旨荒於酒色則罔顧威儀矣賓之初筵曰其未醉止威儀反反曰既醉止威儀幡幡曰其未醉止威儀抑抑曰既醉止威儀怭怭其意正同　彼童而角實虹小子其卽實筵所云由醉之言俾出童羖者乎然則虢石父輩之佞巧善諛以迷亂幽王幾於指鹿爲馬矣

桑柔好是稼穡力民代食稼穡維寶代食維好傳以代爲替代之代云民代無功者食天祿殊不安疑代猶世也謂好是稼穡之力民乃世食此祿維其以稼穡爲寶

故世世好之　曰朋友已譖不胥以穀曰嗟爾朋友予

豈不知而作蓋亦被譖而告誡其同列之詞

舒藝室餘筆卷二

南滙張文虎孟彪

周禮天官敘官疏云周禮之內府史大例皆府少而史多唯有天府一官府多於史以其所藏物重也述聞云天官掌次春官鬱人司尊彝司几筵司服磬師典庸器皆府多於史而賈氏曰唯有天府一官則其餘皆否疑今本掌次等官皆上下互譌案鄭注府掌藏史掌書則府如今掌庫史如今文案自當史多於府敘官中史有倍於府幾倍於府者然亦有府史相同者而天官之內小臣夏采地官之充人閭師司諫司救調人媒氏胥師稍人草人誦訓山虞中山小山林衡川衡迹人掌炭司

稼春官之雞人華氏占夢眡祲夏官之小子羊人司險掌疆候人環人挈壺氏掌畜旅賁氏弁師廋人匡人撢人秋官之司厲掌戮掌殺戮禁暴氏脩閭氏環人掌察掌貨賄有史無府豈皆無所藏與掌炭與掌荼掌蜃同官彼皆府一人史一人此僅有史二人則何以云掌灰物炭物之徵令以時入之以權量受之以其邦國之用又如角人羽人圍人且有府無史蓋傳本淆亂轉寫脫失皆所不免

春官典同掌六律六同之和注鄭司農云陽律以竹爲管陰律以銅爲管案竹則皆竹銅則皆銅陰陽分用於古無徵後鄭云皆以銅爲之殆嶰谷之竹未易求與

儀禮士冠禮注所卦者所以畫地記爻疏云筮法依七八九六之爻而記之但古用木畫地今則用錢云云案疏釋蓍法何必濫及錢卜且揲蓍以求九六七八用錢以求重交單坼若木則藉以記其所得之畫錢與蓍對不與木對不得云古用木今用錢也今錢卜亦或以板記之用木畫地葢本少牢饋食禮注亦非說見後

水在洗東注洗承盥洗者棄水器也案此注殊未析少牢饋食禮司宮設罍水于洗東有枓注云枓剩水器也說文匜似羹魁柄中有道可以注水僖二十三年左傳奉匜沃盥釋文疏引說文同是枓即匜也凡設水用罍沃盥用枓禮在此也疏云禮在此也者凡擿儀禮一部內用水者皆須罍盛之沃盥水者皆用枓爲之

是此經文有不具（士昏鄉飲酒特牲同）然洗正所以爲沃盥不得釋爲棄水器罍以儲水枓以斞水則棄水當別有器亦不得以枓爲沃盥疑兩注皆有脫誤

昏禮壻御婦車授綏姆辭不受案注疏釋經皆合嘉慶間陽城張刻本乃作壻以几姆加景乃驅不受益因下節而誤此本據序偁依顧千里校本云小小轉寫之譌不欲用意見更易今此文各本皆同（嚴州本亦不誤）而此本獨誤不得謂之小小卽改正之亦不爲用意見更易矣其它舛誤亦復不少仍之以待讀者校讐固昭其愼而自謂祛數百年來承譌襲舛以還唐宋相傳之舊則恐未也

冠之日主人紒而迎賓案紒而迎賓則主人卽將冠者矣上云若孤子則父兄戒宿是當以父兄爲主人此注云冠主冠者親父若親兄也旣云孤子則當云親伯父叔父若親兄何云親父經文注文皆有脫誤疏無中論是所見本已然而隨文敷衍忽不加察何故

冠者母不在則使人受脯于西階下疏云母死則不得使人受脯今言不在者或歸甯或疾病也案子有冠期母不當以此時歸甯母疾病則子當侍疾亦不得適以其時冠於人情皆不合

士昏禮贊洗爵酌酳主人注酳漱也酳之言演也安也漱所以絜口且演安其所食案酳說文作酌云少少飲

也玉篇酌重文醑士虞禮少牢禮注皆云古文醑作酌
特牲禮注今（段云古之誤）文皆爲酌段注酌字皆酌之誤是
也鄭注醑之言演也安也與許少少飲之說合乃又解
爲絜口之漱殊歧出說文欠部欶吮也口部吮欶也段
引通俗文含吸曰欶亦與少少飲合至水部之漱云盪
口也則鄭所云絜口者是而與欶異義不知何以幷爲
一（辭曲禮主人未辨客不虛口注虛口謂醑也疏引辭公食禮三飲注三漱漿也是亦以醑爲漱口）
嚌肝皆實于菹豆注飲酒宜有肴以安之案此亦飲以
養陽食以養陰之意安後世謂之案酒是也
大射禮公樂作而後就物稍屬不以樂志案此言人君
不與臣下爭技能猶上言中離維綱楊觸梱復公則釋

獲眾則不與是也

喪禮新盆槃瓶廢敦重鬲皆濯造于西階下案濯下絕句謂此五器皆當滌濯以新之造讀爲竈土竈也上文甸人掘坎于階間少西爲垼于西牆下注云垼塊竈說文垼作坄云匋竈窗也匋卽今之窰字詩所云陶復陶穴竈必有窗以通火氣垼乃竈窗造卽其竈說見隨筆四鄭釋爲至殆非

特牲饋食禮宗人執畢先入注畢狀如叉爲其似畢星取名焉案說文畢田网也从𠦒象形畢宿八星形似畢故名之爲畢今云畢似星而得名康成鉅儒乃不免于從俗

少牢饋食禮曰用丁己注內事用柔日必丁己者取其令名自丁甯自變改案說文己象萬物辟藏詘形也改更也从攴己聲蓋物之變化必先辟藏詘形如蠶之化蛾蠋之化蜓它凡蟲之變化皆然可見故己有改義改之从己非徒諧聲易革之象曰己日乃孚義亦取此

史朝服左執筮右抽上韇兼與筮執之案漢書司馬遷傳文史星秝近乎卜祝之閒所謂史者卽此

卦者在左坐卦以木卒筮乃書卦于木案坐卦以木者謂備板以待畫奇偶也書卦于木者謂視板上之畫合爲何卦而書之於首曰某卦或曰某之某卦也木卽板也注云六爻備書於板是已乃云每一爻畫地以識之

冠禮注亦云畫地識爻夫筮者求得一爻卦者識之於板及六爻全而筮者題之曰某卦以示主人可矣何取於先畫地而後登於板哉經亦無此文

禮記曲禮敖不可長疏敖者矜慢在心之名長者行敖著迹之偁案幾微矜慢在心既而見諸色矣既而見諸言語矣既而見諸行事矣又既而無事不然矣此所謂長也疏但云著迹辭不達意

樂不可極樂字釋文音洛而引皇侃音岳案疏云樂者天子宮縣以下皆得有樂是孔與皇音同然經文敖欲志樂四字皆就人心而言當從陸音

在醜夷不爭案此句特出與上文不相類疑當在夫爲

人子節末錯簡於此
大夫士出入君門由闑右注臣統於君疏云門以向堂爲正右在東述聞云門雖向堂仍以東爲左下文主人入門而右客入門而左謂人之左右非謂門之左右也闑之在右當與門同由闑右當爲由闑左槩堂上之拜主於北面故東爲阼階西爲賓階主人由東賓客由西出入皆同不以門向堂故而門并不以向堂爲正也經云由闑右注云臣統於君蓋臣不敢當賓禮若從君而由闑右然玉藻公事自闑西私事自闑東由闑右也者猶言入門右也無煩改字

主東賓西乃定位出入皆同如主人送客降阼階而出門東客則降賓階而出門西不以出門而

變其左右見張編修惠言儀禮圖可知門以向堂爲正之非
授立不跪授坐不立注爲煩尊者俛仰受之案跪而授
立則受者必俛立而授坐則受者必仰故云爲煩尊者
俛仰受之注甚明顯釋文乃引授坐本又作俛仰此蓋
淺人不解注中俛仰二字分頂二句而妄以注文改經
文也洪氏叢錄獨出授坐不立句以又本爲是云俛仰
不立其義云何

離坐離立毋往參焉離立者不出中閒注爲干人私也
離兩也案此離字當讀爲儷儀禮聘禮注儷猶兩也又
士冠禮注儷皮兩鹿皮也玉篇儷偶也又見左傳杜注呂詣切
古離麗儷三字通用故鄭注直訓爲兩而釋文無音

故君子戒慎不失色於人案此謂中有所忽外必失其儀容蓋總上四事而言注云色厲而內荏則止據介冑一事而言又云貌恭心很則義不相承

前有塵埃則載鳴鳶前有車騎則載飛鴻案據經文鳴鳶飛鴻則知其爲畫象而非舉死鳥於旌首述聞於青旌條辨鄭說之非信矣乃因此疏中說中無飛字適與爾雅注引經合遂謂經中飛字涉注而衍何也夫鳶鳴而風生鴻之行列以飛而見故畫鳶必開口畫鴻必作飛勢鳴鳶飛鴻兩文相對注云鴻取飛有行列不直云飛鴻何由涉注而衍唐石經明有飛字疏首引經文仍有飛字王氏自舉宣十二年左傳疏類聚鳥部上通典

禮三十六白帖五十八引皆有飛字而決以無飛字者爲是有飛字者爲後人所增無它過信鈔本北堂書鈔耳

君大夫之子不敢自偁曰余小子注辟天子之子未除喪之名君大夫天子大夫有土地者案湯誓非台小子敢行偁亂論語予小子履台卽余余卽予湯非天子之子亦非未除喪時鄭注雖本經文似不必泥天子大夫有土地者曰君大夫它處無徵此篇屢舉國君大夫士疑此亦作國君脫國字又牽於下文大夫士之子遂衍大夫二字簡策相傳其來已久鄭强爲之說耳

男女相荅拜也注嫌遠別不相荅拜以明之釋文云相

荅拜一本作不相荅拜皇云後人加不字耳案上文大夫於其臣雖賤必荅拜之此句文勢相承宜有不字據鄭注嫌遠別嫌字疑當在末謂遠別嫌疑也不相荅拜者謂不相拜拜亦不相荅也孔所見本亦與陸同故以有不字者爲俗本葢於經文注文俱未尋審洪君已糾之

婦人之摯椇榛脯脩棗栗注椇枳也有實今邳郯之東食之案明堂位俎殷以椇注椇之言枳椇也疏云枳椇之樹其枝多曲撓故陸機草木疏云椇曲來巢案陸說本宋玉風賦彼言枳句來巢枳句卽椇曲也以與此注相證則鄭所謂枳者卽今之枳椇枳椇以枝句曲名而

其實可食故又著其有實今俗名金鉤子而疏云椇卽今之白石李也形如珊瑚味甜美疑卽今麥李李之名椇於古未聞孔不從鄭注而別舉一物又不著辨非疏例

檀弓喪事欲其縱縱爾注趨事貌縱讀如揔領之揔是鄭讀縱如總也案說文總聚束也葢物多宜有所聚束勿使散亂喪事悤遽宜有條理以束之下文所謂雖遽不陵節是也

王制古者以周尺八尺爲步今以周尺六尺四寸爲步古者百步當今東田百四十六畝三十步古者百里當今百二十一里六十步四尺二寸二分注周尺之數未詳聞也按禮制周猶以十寸爲尺葢六國時多變亂法

度或言周尺八寸則步更爲八八六十四寸以此計之古者百畝當今百五十六畝二十五步古者百里當今百二十五里案八尺爲步步積六十四尺畝積六千四百尺百畝則六十四萬尺也六尺四寸爲步步積四十尺九十六寸畝積四千九十六尺百畝則四十萬九千六百尺也今以四十尺九十六寸除六十四萬尺正得百五十六畝二十五步又八尺爲步三百步則二十四萬尺也今以六尺四寸除之得三萬七千五百步爲百二十五里與鄭注合經文里數畝數皆不相中故鄭以爲六國時變亂法度然安知非簡策脫誤孔檢討據考工記車人爲耒文謂此記本作六尺六寸爲步因篆文

兒兒相似因譌爲四見所箸禮學卮言依其說求之得古田百畝八當今東田百四十六畝九十二步不盡古百里當今百二十一里六十三步不盡亦未能與經密合也孔疏緐蕪無當五經算術用約分求之頗簡捷然非所以釋經憶顧尚之算草中曾議此而忘其術意惜此卷爲人竊去不可得矣姑記於此

以別貴賤等給之度粲給當作級釋文無說是所見本亦作級非假給爲級也

季秋之月命諸侯制百縣爲來歲受朔日注秦以建亥之月爲歲首於是歲終使諸侯及鄉遂之官受此法焉述聞據史記秦本紀昭襄王四十八年文先言十月後

言正月謂當時已用十月爲歲首不始於始皇案昭襄王四十二年先言十月後言九月亦猶是也昔校史記六國表昭王（即昭襄王）十九年十月爲帝疑秦正託始於此然自四十八年以後復用夏正故正月之後書其十月四十九年先書正月後書其十月而始皇本紀十三年先書正月後書十月其時猶未幷天下也（略見史記札記）述聞又云秦以十月爲歲首今月令始於孟春者此用顓頊秝也案五勝家以顓頊爲黑帝以配冬三月夏尚黑爲同色而秦以水德王故用夏正爲秝元蓋亦取其合辰也然立春非中氣何以起秝顧君尙之謂雖起立春而以小雪必在十月爲準豈其然乎

禮器如竹箭之有筠也如松柏之有心也二者居天下之大端矣注端本也案說文無筠字乃鼎臣新坿疏引鄭顧命敷重筍席注筍析竹青皮也禮記如竹箭之有筠是鄭以筠卽筍字案爾雅筍竹萌說文筍竹胎也義適筍從竹根出乃竹之本松柏由其心而外長亦其本也二者皆如人之以禮爲本故以爲喻筠字疑當作葯說文艸部荄葯茇三字相連荄艸根也葯茇也茅根也茇艸根也三字葢意義相逼今人呼菰根曰荄茇亦曰荄筍是茇與筍義亦近也淺人依竹箭字改葯从竹猶僞古文改蔑爲篾耳从艸从竹之字俗多相亂然說文莧字下引周書布重莧席云讀與蔑同蔑字从苜不从艸而今本从竹作篾蔑說見王光祿尚書後案　又案顧命敷重篾席疏引鄭注篾析竹之

文青者下文數重筍席則以筍爲析竹青皮統言之則竹席以別於蒲席耳說文筡析竹筤也篙篨也筤竹膚也又士喪禮繫用軨注軨竹䈼也篙筤䈼蒷蔑皆一聲之轉

設於地財述聞云廣雅設合也設於地財者謂合於地理之宜也案如王說則財當讀爲材

內則芝栭蔆椇棗栗榛柹瓜桃李梅杏楂梨薑桂注蔆芰也椇枳椇也椇梨之不臧者自牛脩至此三十一物案鄭以牛脩至薑桂爲三十一物則芝栭非二物如疏說矣爾雅栵栭郭注樹似槲樕而庳小子如細栗可食今江東亦呼爲栭栗据此則似今俗謂珠栗者珠芝一聲之轉耳椇枳椇也與曲禮注合乃又云椇梨之不臧者椇與梨非一類且上已云椇此又重題椇何也蓋此

乃楂字之誤楂爾雅作樝云樝梨曰鑽之郭注樝似梨而酢澀說文樝果似梨而酢樝或省作柤與椇形似又涉上而譌而下文又從俗作楂孔氏不能辨故疏中亦兩作椇蓋直以此爲椇字乃悟前曲禮疏之所云石州李形如珊瑚以當椇者卽樝也此似今山樝亦非樝梨段注說文引此經鄭注作柤不誤下文正作柤

明堂位君臣未嘗相弒也注春秋時魯三君弒疏引羽父弒隱公慶父弒子般閔公以釋之蓋就春秋時而言而襄仲之殺子惡及視猶弗與焉其前則有濆之弒幽公伯御之弒懿公且不止於三而已鄭云近誣誠不能爲之回護也

少儀臣爲君喪納貨貝於君則曰納甸於有司注甸謂田野之物疏云甸田也言入此物是自田野之所出合獻入之於君有司也案貨貝非田野之物納田野之所出於有司文不成義甸田古通用說文田陳也疑當讀陳襲之陳

執箕膺擖注擖舌也釋文擖以涉反舌也徐音葉管子弟子職作執箕膺揲尹注揲舌也案說文揲閱持也食折切擖刮也口八切此二字音義絕遠而皆無舌訓蓋弟子職之揲本是葉字下文以葉適己卽膺葉之謂誤从手作揲因又誤作擖鄭釋擖尹釋揲皆爲舌葢當時所見本皆未誤箕之葉如舌故史記天官書箕爲口舌

以其形似而牽合之也曲禮凡爲長者糞之禮必加帚於箕上注引弟子職曰執箕膺擖厥中有帚釋文無擖字而有葉如字箕舌五字是陸所見本作葉不作擖而少儀已爲後人所改然陸音以涉反徐音葉則音俱未誤也

學記大學之教也時教必有正業退息必有居學案時教二句相對爲文時卽後所謂當其可之爲時也正業卽下樂弦樂卽詩禮三者居學卽下學操縵學博依學雜服也操縵謂調弦轉軫如今琴家審聽仙翁泛音及平當達理定之類博依謂博涉義類求其比切雜服謂冠服制度及其所用此三者皆藝也而道在其中能安之則樂之矣今本於居字絕句學字下屬則文義詰詘樂學之

樂當慮各切釋文無音皆失之

今之教者呻其佔畢多其訊言及于數進而不顧其安

案此節正與上相反多其訊言及于數進當如吳氏纂言於言下進下絕句其解當如述聞讀佔爲笘（亦畢類）訊爲誶（告也）夫多其誶告而不待學者之悟汲汲求進而不顧其安是教者不以時而學者不能安其所業矣教者不能竭誠以教學者亦不能自竭其材所施者無其方是謂悖所求者不以序是謂佛（拂同）不得謂之善教矣隱其學者掩覆其所不知而不以問疾其師者不信其師而有所腹誹與安其學而親其師者異矣雖終其業去之必速與雖離師傅而不反者異矣鄭訓隱爲不偁揚

王訓爲病皆非

樂記聲相應故生變注樂之器彈其宮則眾宮應然不足樂是以變之使雜也案鄭說恐非經意竊謂十二律旋相爲宮亦旋相爲商角徵羽取其相應者各爲一均而遞遷焉所謂變也

故聖人曰禮樂云案樂書作故聖人曰禮云樂云此蓋節引論語文也經脫一云字鄭注無說是所見本未脫

受者宜歌商溫良而能斷者宜歌齊夫歌者直己而陳德也動己而天地應焉四時和焉星辰理焉萬物育焉故商者五帝之遺聲也案此五十一字係錯簡當在肆直而慈下鄭注已云換簡失其次則由來久矣孔疏依

史記樂書之文爲解足正其誤然史記文亦微有不同經正直而靜廉而謙者史作正直清廉而謙者經陳德下有也字史無經兩識字史皆作志經兩音字史皆作詩經見利而讓下史有也字經倨字史作居經纍纍史作累累經端字史作殷經蹈之也史無也字而經肆直而慈下衍一愛字商人識之上衍商之遺聲也五字微史記則雖疑其誤而無從是正矣　樂記一篇史記全載其文而次序頗參錯史記自首節至第二十五節皆以禮終與經同其下接樂也者施也至然后可以有制於天下也凡六節下接樂者聖人之所樂也連下八節至生民之道樂爲大焉下接君子曰禮樂不可以斯須

去身至可謂盛矣凡十一節下接魏文侯賓牟賈師乙三章案孔疏及張守節所引鄭目錄十一篇有樂本樂論樂施樂言樂禮樂情樂化樂象賓牟賈師乙魏文侯諸目史記惟魏文侯次賓牟賈前爲不合耳經以魏文侯賓牟賈躋於樂情之後樂化之前尤爲驁亂而鄭注無文則簡策流傳不敢擬議兩存之而已至其字句異同或多或少固有所不暇論也

祭義君子曰禮樂不可斯須去身案此節二百八十八字已見樂記此篇專記祭祀齋戒薦羞之義發明人子孝養之心末乃推及於養老辟入此節似乎不類蓋錯簡重出也

經解喪祭之禮廢則臣子之恩薄而背死忘生者衆矣案生字誤述聞據漢書禮樂志論衡薄葬篇謂當作先是矣竊疑臣字亦非也漢書作骨肉之恩薄則此文宜作父子因涉下文則君臣之位失遂誤作臣論衡亦作臣者後人據誤本經文改之

仲尼燕居子曰師爾過而商也不及子產猶衆人之母也能食之不能教也子貢越席而對曰將何以爲此中者也案子貢之問緊承夫子過不及之語而求其中子產十五字橫亙其閒兩不相應下孔子閒居篇論民之父母文頗相涉疑錯簡在此蓋以子產能食不能教可謂衆人之母而未足以爲民之父母也彼篇末推言天之施化地

之生物無非教者又及湯文武大王之德教皆非子産所能及也

表記道有至義有考至道以王義道以霸考道以爲無失注此讀當言道有至有義有攷字脫一有耳案注當云脫一有字耳今字字誤倒在脫上上文云道者義也此復云道有義不辭疑此義字當讀爲儀古儀義多通用見述聞道有至所謂堯舜性之也有義所謂五霸假之也有考則僅自守於無過而已

春秋桓六年左傳公之未昏於齊也齊侯欲以文姜妻鄭太子忽太子忽辭及其敗戎師也齊侯又請妻之注欲以佗女妻之固辭又見十一年傳案桓之娶文姜在三年而隱八年傳四月甲辰鄭公子忽如陳逆女辛亥以嬀氏歸甲寅

入於鄭配而後祖爲陳鍼子所譏則十年之前忽已娶
陳女矣何以齊侯復有此請疑請妻本一事而傳者誤
歧爲二抑此時陳女已死而請爲之繼室邪
桓十一年經夏五月癸未鄭伯寤生卒秋七月葬鄭莊
公九月宋人執鄭祭仲突歸于鄭鄭忽出奔衛是鄭忽
之立未及五閱月也是時東方之國齊爲大齊僖小霸
鄭實與國故國人以辭昏一節咎忽失大國之援而豔
魯桓之得娶文姜有女同車之詩所爲作也迨十五年
五月歸而復立至十七年冬被弑首尾三年旣平日稔
知高渠彌之惡何不速殺且祭仲能殺雍糾何以不能
殺渠彌安知非朋比爲姦制於權臣而不能尊賢親親

且嘗曰配而後祖未必不溺於妃色出奔復反而忘艱危山有扶蘇以下四詩所刺益可思也

僖二十一年傳夏大旱公欲焚巫尫杜注巫尫女巫也又云或以尫非巫也瘠病之人其面上鄉俗謂天哀其病恐雨入其鼻故爲之旱案或說甚鄙然禮記檀弓注已用其說矣據此似尫即巫之名（楚有潘尫）據檀弓巫尫分言則截然爲二今人言瘠人死爲殭（玉篇居良居亮二切死不朽也）屍能過雨是即雲漢詩之所云旱魃者亦流俗相傳之謬說也臧文仲言巫尫何爲天欲殺之則如勿生若能爲旱殺之滋甚則又似別有一物如山海經言黃帝所下女妭以殺蚩尤者殆不可究詰矣

襄十九年傳齊侯疾崔杼微逆光疾病而立之案說文疾病也病疾加也疾雖通訓病而病爲疾甚段注引苞咸注論語曰疾甚曰病葢散文則通對文則異崔杼私於太子光故於齊侯有疾卽微逆之至其疾甚則不待其死而遂立之也

三十一年傳繕完葺牆李涪以完爲宇字之譌段氏若膺以宇字爲添設述聞從段然究屬累辭疑完爲垣字音近而誤垣雨元切桓胡官切皆從亘聲垣或亦讀桓上文本云盡毀其館之垣而納車馬焉又云厚其牆垣下文云脩垣而行牆垣竝舉古人自有複語耳此則非添設矣　說文垸字別義補牆也段注引此傳爲證意

似以垸當完字

我實不德而以隸人之垣以贏諸侯杜注贏受也疏云賈服王杜皆讀爲贏洪氏叢錄云贏露也案贏無露義此襲昭元年傳而誤也彼傳云勿使有所壅閉湫底以露其體注云露羸也羸與贏字形相近而音義絕遠羸露雙聲述聞已論之洪意欲移露字之義以解此文而不知露可以解羸而不可以解贏也

昭二十年傳鄭國多盜取人於萑蒲之澤杜注於澤中劫人述聞云劫人而取其財不得謂之取人取當讀爲聚引文選注類聚白帖御覽竝作聚人韓子內儲說作鄭少年相率爲盜處於萑澤爲證其說信矣竊謂旣云

多盜則不必言聚人疑取人二字卽聚字誤分爲二觀韓子但云處於萑澤可證

昭七年傳叔父陟恪在我先王之左右述聞云恪讀爲格案陟恪陟格它處未見惟陟降二字周頌屢見大雅文王陟降在帝左右正是此文確證諱改字之名而詰鞫以回護之仍不免改字何益哉

昭十三年傳子產歸未至聞子皮卒哭且曰吾已無爲爲善矣疏云子皮旣卒無人知我之善故云無爲更須爲善矣案疏說文不成義爲猶與也無爲爲善猶無與爲善經傳釋詞引管子戒篇自妄之身之不爲人持接也尹注爲猶與也

十九年傳札瘥夭昏杜注大死曰札小疫曰瘥案大疫

小疫對文死字疑誤疏中題注大死至曰昏死字後人依誤本傳文而改是札大疫死也死字亦後人妄增

定四年傳我必復楚國杜注復報也案復讀爲覆敗也下文申包胥曰子能復之我必能興之興與覆正相對易泰上六城復于隍亦作復

哀五年傳諸子鬻姒之子荼嬖案史記秦本紀尊唐八子爲唐太后集解引徐廣曰八子者妾媵之號漢書外戚傳八子視千石比中更七子視八百石比右庶長蓋此制沿於春秋時此諸子亦謂七子八子之類夏小正三月妾子始蠶傳曰先妾而後子何也事有漸也言自卑事者始也蓋子卑於妾則子之偁舊矣又見隨筆六杜注以爲庶公子恐非齊策齊王夫人死有七孺子皆近注孺子幼艾美女也亦此類

六年傳惟彼陶唐帥彼天常有此冀方今失其行亂其紀綱乃滅而亡杜注逸書案此文今僞古文尙書襲以爲五子之歌删去帥彼天常一句其行改厥道末句作乃厎滅亡雖古書相傳容有同異然孔子美楚昭王能知天道故引此書主意正在天常句而僞古文故缺此若示人以非出自左傳者其用心良苦矣

論語學而篇有子曰其爲人也孝弟而好犯上者鮮矣不好犯上而好作亂者未之有也曰鮮矣曰未之有也語有抑揚耳非謂孝弟之人或有犯上也猶下章巧言令色鮮矣仁聖人語氣和緩不爲決絕之言非謂巧言令色之人猶有幾微仁心也朱注少好犯上似有語病

次章其爲仁之本與仁人古通用兩其爲人正相應孝弟百行之本豈特爲仁讀仁字過泥遂有孝弟中未有仁字之說

述而篇子之燕居申申如也夭夭如也集解引馬曰申申夭夭和舒之貌朱注申申其容舒也夭夭其色愉也卽馬注而分言之案和舒者不爲色莊鄉黨篇云居不容是也

憲問篇子擊磬於衞有荷蕢而過孔氏之門者曰有心哉擊磬乎既而曰鄙哉硜硜乎莫已知也斯已而已矣深則厲淺則揭史記孔子世家書此事於佛肸召之後次書學琴師襄事次書孔子既不得用於衞將西見趙

簡子至於河而聞竇鳴犢舜華之死臨河而歎曰美哉洋洋乎丘之不得濟此命也夫荷蕢引詩正與匏瓜之歎相因亦與叔孫豹舉匏有苦葉同意蓋以衞不能用勸孔子欲濟則速濟無爲淹留果哉末之難矣殆亦卽臨河之歎也哉

微子篇楚狂接輿歌而過孔子此謂楚狂接孔子之輿歌而過之也後世不知其名遂名以接輿故楚詞涉江亦有接輿髡首之語觀下文云孔子下欲與之言趨而避之其爲孔子在輿中而欲下輿明甚莊子誤以爲遊其門淺人遂以接輿爲接予爲捷子謂楚狂之眞名列仙傳又以爲陸通荒謬不足論馬氏繹史反詆解論語

者之非無它好奇衒博耳

孟子公孫丑上必有事焉而勿正心勿忘勿助長也文義可疑東原戴氏謂正心二字即忘字誤分當重勿忘二字案儀禮士昏記必有正焉若衣若笄蓋戒女勿忘即參前倚衡之意疑此文本亦作必有正焉正誤爲事反誤在下耳古忘字或作亾亦與正相似

公孫丑下孟子致爲臣而歸王就見孟子數語及其語時子云云詩曰彼求我則如不我得執我仇仇亦不吾力孟子曰說賢而不能舉又不能養也此之謂矣王庶幾改之予日望之又曰王如改諸則必反予此孟子因諫不行而去齊也然則所諫者何事竊以爲即伐

燕一事也宣王好戰殃民欲闢土地朝秦楚蒞中國撫四夷詳於問齊桓晉文一章伐燕之舉以萬乘之國伐萬乘之國五旬而舉之尤自謂千載一時乃伐之先知孟子迂闊必阻故不親就教而命沈同以私問齊人遂有孟子勸齊伐燕之說見燕策遂貿貿然伐之及燕人既潰始以取不取問自鳴其得意立意固在取之孟子開以兩端而仍明告以爲燕伐燕則亦深切著明矣不聽而毅然取之以致諸侯之謀然後急而求策孟子教以反其旄倪止其重器謀燕衆而置君此補救之至計猶遷延觀望以待燕人之畔始甚慙於孟子然亦幾於悔過矣而陳賈復巧言以爲之文飾此孟子所歎息痛恨而面斥以豈徒

順之又重爲之辭也於是遂致爲臣而歸矣萬章下篇未荅問異姓之卿曰君有過則諫諫而不聽則去葢亦在其時曰甚慙於孟子所謂王猶足用爲善也便佞之口如壅君何

滕文公上墨者夷之因徐辟而求見孟子孟子曰吾固願見今吾尙病病愈吾且往見案儀禮某子命某見吾子有辱請吾子之就家也某將走見葢古士相見之禮如此此特辭疾爲不同爾

陳仲子避兄離母徙居於陵歙淩氏廷堪論之謂仲子本田齊之族不義田和之篡齊故逃祿不居見校禮堂文集案孟子曰仲子所居之室伯夷之所築與抑亦盜跖之所築與所食之粟伯夷之所樹與抑亦盜跖之所樹與是

未可知也蓋譏其雖絕人逃世不能如夷齊之餓於首陽以此證之淩說似得其情匡章因已不得於父引以自況則非其類故孟子辨之　孟子雖泰山巖巖氣象而論事平易不爲偏激故於齊宣王之好勇好貨好色皆委曲誘掖以爲猶足用爲善曰爲政不難不得罪於巨室於萬章論今之諸侯曰子以爲有王者作將比今之諸侯而誅之乎抑教之不改而後誅之乎於匡章之通國皆稱不孝則原其不得已與之遊而且禮貌之故其論伯夷以爲聖人而又以爲隘也

離婁上是以惟仁者宜在高位以下五節與上五節迥異疑是它章錯簡參下章欲爲君盡君道欲爲臣盡臣

道此下五節皆分頂君臣而首節仁不仁又與所引孔子言相應或當是一章

離婁下舜明於庶物察於人倫由仁義行非行仁義也與上節絕不相蒙疑亦錯簡也言性章云天下之言性者則故而已矣故者以利爲本則法也故故迹也利者和也順也由仁義行行其所無事也疑舜明於庶物四句當在如智者亦行其所無事節下葢以舜之行仁義比禹之治水

爾雅釋言隱占也郭注隱度案公羊隱四年傳吾爲子口隱矣隱曰吾不反也解詁云口猶口語相發動也迷聞云注意讀口爲叩叩發動也案口隱謂叩其隱衷猶

言餂也叩亦占也而彼疏以爲隱公隱公豈生謚乎正由誤解隱字遂又於曰上妄加之

釋器附耳外謂之釴郭注鼎耳在表史記楚世家吞三翮六翼索隱云六翼卽六耳翼近耳旁事具小爾雅今小爾雅無此文胡氏承珙曰疑廣器章文而今本失之翼釴字通書多士敢弋殷命馬鄭王本皆作翼墨子耕柱篇三棘六異疑爲三翮六翼之異文案胡說是也翮亦作䩼或作革荀子反而定三革偃五兵革亦與棘同大雅如鳥斯革傳云革翼也韓詩作䩼云翅也說文䩼解同大雅匪棘其欲禮器引作革蓋同音叚借

說文革部𩋙急也案大射儀朱極三注極猶放也所以

鞱指利放也疑極即⿰革亟之借字此⿰革亟上鞬韇皆鞱弓矢之具故類聚之从亟亟本訓急利放亦有急義韋部韘射決也決放義近決亦有急義段以⿰革亟下連鞭疑此作鞭急也殆不然

木部相省視也易曰地可觀者莫可觀於木經無此文然其卦固从坤从巽巽爲木也禹貢隨山刊木史記五帝本紀行山表木索隱云表木謂刊木立爲表記漢書地理志師古云言禹隨行山之形狀而刊其木以爲表記是人所觀也周語道無列樹韋注古者列樹以表道相字从木从目蓋會意

舒藝室餘筆卷三

南滙張文虎孟彪

漢書高紀項梁盡召別將案上文項梁益沛公卒五千人五大夫將十人至是沛公攻豐拔之雍齒奔魏故項梁收回其五大夫將十人也師古云別將謂小將別在他所者則著此句無謂矣　漢王問魏大將誰也對曰柏直王曰是口尚乳臭不能當韓信騎將誰也曰馮敬曰是秦將馮無擇子也雖賢不能當灌嬰步將誰也曰項它曰是不能當曹參吾無憂矣案漢高之於諸將知彼知己如此韓信曰陛下不能將兵而善將將非面諛矣

文紀元年六月故常山丞相蔡兼爲樊侯錢氏攷異云丞字衍案百官公卿表景帝中五年令諸侯王不得復治國改丞相曰相景紀同令尚在後三十五年此丞字非衍史記亦有

元紀初元三年四月乙未晦攷異云四月乙酉朔乙未十一日晦字衍翼奉傳白鶴館災不云晦案錢說是也五行志亦無晦字

古今人表秦女妨攷異云妨史記作防案此疑傳寫誤後文亦作防

食貨志秦兼天下幣爲二等黃金以溢爲名師古曰改周一斤之制更以溢爲金之名數也案孟子書言萬鎰

千鎰百鎰五十鎰鎰卽溢字則不始於秦幷天下後
五行志禹治洪水賜雒書法而陳之洪範是也案以洪
範牽合雒書始於劉歆與以先天圖牽合周易皆治經
一大蔀障也
京房傳分六十四卦更直日用事已風雨寒溫爲候注
孟康曰分卦直日之法一爻主一日六十四卦爲三百
六十日餘四卦震離兌坎爲方伯監司之官案爻主一
日則六十卦爲三百六十日故下文云餘四卦也注中
六十四卦四字衍
魏相丙吉傳顧陛下與昌平侯案昌平宜倒注不誤
宣元六王傳建初二年案二字誤水經汶水注引作三

年與哀紀合廣本正作三

儒林傳繇是有翟孟白之學依次當作白翟孟字疑衍

匈奴傳每漢兵入匈奴案兵當爲使

外戚傳後客子偏案偏卽王偏也上文作偏　數禱祠

解案此當爲褱解之解師古音懈非

王莽傳功能爲忠臣宗廣本能作德是

管子牧民篇務在四時案下文屢言四維此時亦維字

之誤　明鬼神祇山川祇當作祗祗敬也下云不祇山

川則威令不聞　恭祖舊祖當作故尹注非下同　滅不可

復錯也我友楊峴云錯置也非衍　不蔽惡則行自全

全疑當作正

形勢篇不行其野不違其馬案韓非子管仲隰朋從於桓公而伐孤竹春往冬返迷惑失道管仲曰老馬之智可用也乃放老馬而隨之遂得道案此卽不行其野不違其馬之的注不字當依注作未無疑　失天之度雖滿必涸後解云地大國富民衆兵强此盛滿之國也雖已盛滿無德厚以安無度數以治之則國非其國而民無其民也案此卽上文所云曙戒勿怠後穉逢殃朝忘其事夕失其功也

乘馬篇地者政之本也是故地可以正政也地不平均和調則政不可正也案孟子言夫仁政必自經界始經界不正井地不均穀祿不平與此同意　樊棘襍處王

云木無名樊者樊當作楚案小雅青蠅止于樊毛傳樊藩也樊从爻林取交積材之義雖非草木而亦近草木下二章止于棘止于榛比類而及安知非草木名　五尺見水不大旱案上言十仞下言十一仞五尺閒在中相去太遠疑尺字亦當作仞涉下比之於山五尺見水而誤孟子掘井九仞而不及泉則十仞十一仞爲極深矣　故曰今日不爲明日忘貨忘當作亾此卽形勢篇所謂朝忘其事夕失其功亾卽失也爲與貨韻

幼官篇春政秋政皆九十六日夏政冬政皆八十四日合爲三百六十日然則其五日四分之一歸之中央乎

五輔篇上下交引而不和同丁君謂引當爲弗是也謂

交爲狡之借字非也上下交弗猶孟子言上下交征利宙合篇扶撥以爲正案撥傾也與正反對大雅枝葉未有害本實先撥列女傳孽嬖篇引撥作敗傾亦敗也適善備也僊僊也丁云僊與遷同是也竊謂備遷連文也字衍　故微子不與於紂之難而封於宋案此管夷吾自解不死召忽之難也後鳥飛準繩意南意北之喻亦然

八觀篇𠤡家無積而衣服脩案脩疑當作備　民毋遺積者其禁不必止案不必疑當倒下六句同　宮垣不脩戴云脩當爲備案下文正作備　大城不可以不完郭周不可以外通案大字疑衍或夫字之譌後人見上句作

大城遂亦於郭下增周字亦衍也　入朝廷觀左右求朝之臣雜志云求卽本字之誤衍案王說是也本朝對下外勢而言

大臣篇使彭生乘魯侯脅之案脅之謂摺其脅也楊子雲法言效之云卒眼之遂爲貟輿宗所譏見辯詰　公子彭生安敢見案公子二字涉上而衍　或曰明年尹注襄公立之明年案據下入國之文則非襄公立之明年矣蓋異聞之誤觀後敘宋夫人事可知其謬　亂乎尚可以待案此待字亦當解爲禦見襍志　好邇而訓於禮案邇當如戴說作遜訓當讀爲馴　無國勞毋專予祿案二語相對國字疑亦作專專勞者詩所謂大夫不均我從事獨

賢賢亦勞也　士庶人毋專棄妻案專下疑脫妾字上云諸侯毋專立妾以爲妻　不聞敬老國良戴云國疑圖字誤案戴說是也書盤庚上云亦惟圖任舊人共政　而違老治危案危乃詭之借字

小匡篇比耒耜穀芨穀宋本作穀穀芨齊語作耞芟韋注耞拂也所以擊草芟大鐮所以芟草也案說文柫擊禾連枷也古从木从手之字每相亂耞从耒亦俗作丮注芨音捶義與箠近疑所見本作箠亦擊禾之義然則管子本文蓋作耒耜箠芟而國語注擊草亦當作擊禾也　罷女無家案此卽諸葛武侯所謂棄女不入門也

霸形篇宋伐杞狄伐邢衛而君之不救也臣請以慶案

之不疑倒慶蓋憂之誤與上桓公言樂相對尹注云以不救爲慶非也然聞其伐而不救至其危而始謀此其所以爲霸術也

霸言篇德其者不取也道同者不王也案取疑霸字之誤以上下文證之自見　彊國衆合彊以攻弱以圖霸彊國少合小以攻大以圖王彊國衆而言王勢者愚人之智也彊國少而施霸道者敗事之謀也案此兩節正相承以彊國衆彊國少爲文彊國衆宜圖霸彊國少宜圖王相反則皆病據此益可證宋本首節作弱國衆之誤而戴䁥宋本之非　伐過不伐及及上疑脫不字其失之也以離彊案此孟子所謂小國師大國而恥受

命焉者也
君臣篇上百姓之力也胥令而動者也案上也字疑衍
不言於聰明於字衍句法與上不言智巧一例　而
無道之君旣已設法則舍法而行者也案旣已設法四
字疑衍　下有五橫案橫當作衡注亦同下文云朝有
定度衡儀以尊主位　從順獨逆從正獨辟尹注從作
眾是　量實義美義讀爲儀與量字對亦通作議　非
茲是無以理人非茲是無以生財茲是二字皆當衍其
一蓋或作茲或作是校者兩存之　先王善牧之於民
者也案牧疑收字之譌故下文云夫民別而聽之則愚
合而聽之則聖　信以繼信善以傳善案傳猶繼也戴

君謂傳當爲傳非

君臣篇下是故以人役上以力役明以刑役心案刑當爲形　心道進退而刑道滔趕案此刑字亦當作形尹注滔充也赶謂邌巡曲也疑赶當作迂下文云故民迂則流之民流通則迂之　刑罰亟近也案亟近謂速斷後文云故正名稽疑刑殺亟近則內足矣

小稱篇嘗試多怨爭利相爲不遜則不得其身丁云嘗試二字涉下而衍是也又云古音之眞對轉遜與利身爲韵案之眞古不通轉利亦非之部去聲遜與身亦不同部則不得其身與上則不失於人矣爲對身下疑脫矣字　不譌其君不毀其辭宋本毀作諱是不諱其辭

謂諜言也

侈靡篇而死民不服案當作而民死不服　必從是嚚亾乎尹注嚚卽梟字也案字書無嚚字亦無梟字疑梟字之譌梟有迫義危迫也　中寢諸子案戒篇作中婦諸子婦字與寢字形相似疑寢字是

心術篇上大道可安而不可說尹注夫道者無形無聲者也體神而安之則有理存焉如欲說之則無緒可言案依注則安乃案之借字大字疑本作夫　不虛則仵於物矣仵卽上迕字

白心篇爲善乎毋提提爲不善乎將陷於刑案此卽莊生所謂爲善毋近名爲惡毋近刑也尹注提提謂有所

揚舉也是矣乃又曰欲爲善乎則人以我謙退無所舉則自相矛盾　持而盈之乃其殆也名滿於天下不若其已也名進而身退天之道也案此即老子所謂持而盈之不如其已功成名遂身退天之道也管子一書多襲道家言史公以老莊申韓同傳有以也

水地篇是以水集於玉案此集字亦當爲準

四時篇其德憯越溫怒周密案溫怒不辭尹注云雖復陰怒當節之以溫殊詰[illegible]溫疑韞之誤

勢篇既成其功順守其從人不能代朱本代作伐案尹注從順也功成矣則以順理守之所謂逆取順守者也則人何能代之乎紬其義則注亦作伐今本皆誤

治國篇四民交能易作終歲之利無道相過也案小匡篇言士農工商各恆其業此篇專論務農重粟所謂四民交能易作亦各事其事百無道相過猶言不相爲謀尹注乃云雖士亦善於農工雖農亦通於士業失之遠矣如此此則下文何云民作一乎　是以民作一而得均民作一則田墾姦巧不生田墾則粟多粟多則國富姦巧不生則民治富而治此王之道也案此文蟬聯而下管商韓非多有此文法戴校引吳說謂當作得均則姦巧不生非

內業篇不可止以力案止猶遏也尹注謂力止之氣愈去非　折折乎如在於側折字當讀如檀弓吉事欲其

折折爾之折折鄭注折折安舒貌詩云好人提提釋文折大兮反是也繹上下文自見尹注折折明貌丁說即哲哲之借殆不然

小問篇小以吾不識尹注能博聞多見齊其所不識疑小乃齊字之誤　口開而不闔是言莒也案莒本闔口音開闔二字疑當互易

度地篇五者不可害則君之法犯矣犯疑治字之誤上文云五害已除人乃可治

地員篇凡將起五音凡首先主一而三之四開以合九九尹注一而三之即四也此說殊謬先主一者謂全弦也三之者三因之蓋分其全弦之度爲三分也於是又

三因之則三其三分而爲九又三因之則三其二十七而爲八十一　蓋自始至此其爲三因者四次矣故曰四開以合九九也四開猶云四三之漢書律秝志九三之以爲法十一三之以爲實

祀陝祀字不知何字之誤　其民夷姤不辭尹訓姤爲好亦未知所出

離騷曰勉陞降以上下兮求榘矱之所同湯禹嚴而求合兮摯咎繇而能調同調爲韵或謂本于小雅之車攻未知其果有意否然古人文辭固不免於薰染如宋玉神女賦惆悵涕泣求之至曙本於悲回風涕泣交而淒淒兮思不眠以至曙陸士衡辨亾論全摹賈生過秦論李習之知鳳說本於韓退之獲麟解送馮定序後段本

於送董召南序蘇子瞻後赤壁賦結語本於李習之解
江靈未暇悉數也
九歌大司命吾與君兮齊速導帝之兮九阬案玉藻君
子之容舒遲見所尊者齊遬注謙慤貌也遬猶蹙蹙也
述聞云爾雅齊疾也舒遲與齊遬對文齊遬皆疾也蓋
楚詞之齊速卽玉藻之齊遬故戴東原氏屈原賦注訓
齊爲疾王叔師乃訓戒俗本遂誤爲齋洪興祖補注云
齋戒以自敕失古義矣或問如此則與君何義曰此卽
上所云踰空桑兮從女也又少司命云與女沐兮咸池
河伯云與女遊兮九河與女遊兮河之渚涉江云吾與
重華遊兮瑤之圃意略相同　今案齊亦升也一見卷

注杜詩者世僅錢箋然未爲盡善循覽所及輒識之

奉贈韋左丞丈　韋以先世之誼呼之爲丈貌爲好賢實不能薦達徒誦佳句蓋不如李邕王翰之知人彈冠之喜虛願耳快快以去終南之外無所戀也殘杯冷炙一飯之德不可無以爲謝故作是詩非猶有望於韋也　它本異同可兩存者自宜注然如甫昔少年日之少一作妙王翰願卜鄰之卜陳作爲自謂頗挺出之出一作生白鷗沒浩蕩之沒一作波皆謬誤而猶存之何也全書此類甚多姑舉其例後不復出

今夕行　馮陵大叫呼五白注引三白三黑爲犍案摴蒱止五木安得有三白三黑李習之五木經白三元二曰撅

白二元三曰㹇此云犍蓋卽彼經所謂牛三白二之犢也今俗本誤作牛三白三程大昌旣承其誤又誤爲三白三黑李集非僻書漫不加攷爾

白紵行　春天衣著四語形容盡致筆墨俱飛其實從萬草千花句來此謂裁縫滅盡針線迹也

同諸公登慈恩寺塔　一結不復迴顧正是對此茫茫百端交集承第四句來全篇主意在此淺人贅說紛紛徒令杜公一笑

示從孫濟　首四句寫出殘杯冷炙到處悲辛形景無論外人卽同姓亦不免

曲江三章　著筆無多而氣象縱逸尺幅有千里之勢微杜公

誰能爲之

麗人行　楊花四句案古樂府雞鳴篇末桃生露井上李樹生桃旁蟲來齧桃根李樹代桃殭與上絕不相關而末二句云樹木身相代兄弟還相忘則不接之接蓋隱語別有所指此詩似從彼出

樂遊園歌　此應酬詩也木瓢以爲雅鞍馬以爲豪如此而已若憐杜公若傲杜公杜公視之亦殘杯冷炙類耳獨立蒼茫何足與語哉

渼陂行　前路一平一險兩兩相閒中閒合成一片末路蓋是燈光水光上下交映作者讀者心目皆搖眩尺雷雨天作陣雲乃實境昨夜遊秦淮因悟此

渼陂西南臺　效康樂而本色自不可掩

奉同郭給事湯東靈湫作　坡陀金蝦蟆六句亦麗人行筆意錢箋得之

沙苑行　末四句是杜老獨造之境無第二手可到

哀王孫　參差錯落看似語言無次而一種悲涼感歎滿眼淚痕自在意言之外此謂天地閒至文

大雲寺贊公房　絲履氎巾蓋贊公以人所施者贈公故歎其交情之如新然而公之窮可知矣　晤語契深心那能總鉗口蓋世事艱難不欲置吻傷心之極而贊公之言有深相契者不能不一傾吐也

蘇端薛復筵簡薛華醉歌　前段屑屑文章名譽至後一槩抹殺所謂

身後千載名不如生前一杯酒而其滿腔懊恨即已從垂死四句中伏根非眞曠達也

徒步歸行　須公櫪上追風驃案後漢書列女傳蔡文姬請追赦董祀曰公廄馬萬匹虎士成林何惜疾足一騎而不濟垂死之命乎此用其意

病後遇王倚飲贈歌　老馬爲駒信不虛案角弓詩老馬反爲駒不顧其後言其老而貪得舊注謂反如駒之健啖與杜意合錢氏詆其攙棗傳箋迂矣

新婚別　邶風擊鼓之三章曰死生契闊與子成說執子之手與子偕老其四章曰于嗟闊兮不我活兮于嗟洵兮不我信兮王肅以爲從軍者與其家室訣別之詩此篇

深得其意

（遣興五首）弟四首卽承上章所云肅京兆而言

（後出塞）封氏聞見記權皋爲范陽節度使掌書記祿山男慶和尚主皋在京親（疑覲之誤）禮會畢知祿山有異謀出路託疾詐死家人載喪以歸上京復肅宗發詔褒美拜起居郎辭疾不赴皋以崎嶇喪亂脫身虎口遂無宦情在江外七年卒此末章所云疑卽皋

（述古三首）鳳皇蓋指李鄴侯　邪贏之邪讀爲餘餘贏同義張平子西京賦邪贏優而足恃五臣注邪僞也又云欺僞之利自饒足恃也讀邪爲似嗟切而善無言苕溪漁隱遂引之以說杜詩大謬

又觀打魚　打魚常事耳而寫來如史公書楚漢爭衡范史書昆陽之戰筆力肆橫極矣卻又不費浮烟浪墨日暮二句正如顏魯公書力透紙背又接干戈二句眞到二十四分　當觀其胸次如何勿徒賞其筆力

桃竹杖引　杖兮杖兮云云所以戒章仇也此老口中總無閒言語

韋諷錄事宅觀曹將軍畫馬圖　此皆二句跳出題外末段亦然自杜公開此法門後世頗有效顰者神氣去而萬里無其胸次故也

丹青引　每下一筆必有異樣光采細思之亦在人意中不知何以他人寫不到而先生獨能之杜詩全部皆然不

獨此篇也

三絶句　作者自題爲絶句而編詩者以爲古詩可笑

柴門　起云迴首望兩崖末云迴首猶暮霞恐有誤

觀公孫大娘弟子舞劍器行　序云觀公孫氏舞劍器渾脫案宋史樂志教坊所奏十八調中呂宮曲黃鍾宮曲皆有劍器一調又中呂宮曲因舊曲造新聲者五十八調亦有劍器一調然則劍器是宮調曲名歌者歌而舞者舞也據注所引明皇雜錄歷代名畫記竝以劍器渾脫連舉疑渾脫亦舞曲名　觀詩中絳脣珠袖及玳筵急管句顯是兼歌舞據沈存中筆談劍器非劍別是一物

夜歸　堂前把燭嗔兩炬注嗔一作喚嗔喚皆不可解疑煥

之譌

遣遇自喜遂生理花時甘縕袍甘下注刊作貰貰疑貿之譌

過津口物微限通塞惻隱仁者心此即解憂篇減米散同舟意

冬日洛城北謁玄元皇帝廟禁禦注一作籞錢引羽獵賦禁禦所營應劭曰禦止也謂禁止往來案作籞是也說文作篽漢書作籞見宣帝紀蘇林曰折竹以繩緜連禁禦使人不得往來律名為籞禁籞與上元都對作禦者爛文錢說非

贈特進汝陽王寸長堪繾綣謂薄技寸長皆蒙拂拭也謬本長

作腸可發笑此等亦注之直不辨黑白

送許八拾遺歸江甯覲省甫昔時常客遊此縣於許生處乞瓦棺寺維摩圖樣志諸篇末杜公遊江甯年譜不著惟壯遊詩有東下姑蘇臺句譜繫之開元十九年年二十三疑在其時　壽酒樂城隍注一作幾日賽城隍案易泰上九城復于隍說文隍城池也有水曰池無水曰隍玉篇云隍城下坑也城隍固宜有神焉司之然不得即謂其神曰城隍而俗偁城隍神之廟曰城隍廟觀此詩則唐時已然

寄岳州賈司馬六丈巴州嚴八使君兩閣下末句志在必騰騫案騰騫之騫在元韻此詩通篇押先仙淺字元仙兩收惟此字出韻張騫之騫在仙韻上已押

梅雨　南京西浦道注西一作犀若溪漁隱云犀浦在成都府二十五里案唐之犀浦今爲郫縣

漫成二首　讀書難字過謂遇疑難之字不復研究也卽不求甚解之意

江上值水如海勢聊短述　老去詩篇渾漫與案與字本作與昔人曾言之與讀爲預漫與謂隨手作之承上起二句而來言今老矣不能作佳句也姜堯章清波引新詩漫與與字押韵正用杜詩蓋所見本猶未誤又前齊天樂豳詩謾與漫作謾蓋亦同此

戲爲六絕句　才力應難誇數公誇疑當跨

江頭五詠麗春　此詩前二韵去聲後二韵轉平聲不當編入近體蓋作者因寄所適信筆直書忘其爲古爲律編詩

者牽於同時五詠不能分隸亘弟一首丁香用去聲亦此例又案卷二早秋苦熱堆案相仍卷五光祿坂閒山閒水卷七秋風二首皆在古律之閒此非分體編詩者所知

贈崔十三評事公輔　飄飆西極馬來自渥洼池颯飁定山桂低徊風雨枝案此用隔句對雙起變體也對句作颯飁則首句當從㒚本作飄飆而蒙叟不覺隔句對雙起句集遂爲格詩

示獠奴阿段　陶侃胡奴事見太平廣記當作陶峴在僞坡注前

課小豎鉏斫舍北果林枝蔓荒穢淨訖移牀三首　山雉防求敵敵疑匹字之誤然防字仍不可通疑當作妨

峽隘水有遠湖樹人今何處船今字疑當作來或云吟字爛文

秋興八首每依南斗望京華南注一作北案長安在夔州之北故云北斗月三首之一云故園當北斗直指照先秦不啻自下注腳矣末二句承首句來言自日落至夜深也

一日江樓坐翠微一日猶言盡日也釋山山脊岡未及上翠微郭注近上旁陂意謂近山脊也與山顛相連而不可到者既云江樓則非身在翠微坐字疑當作望艸書形近姚惜抱以坐字不通改為江頭截趾適屨

幾迴青瑣照朝班照注一作點案點字是也點與玷通今譌為照不知蒙叟作何解

白頭吟望苦低垂吟字毛西河謂當與上

句昔字對姚惜抱今體詩選從之是也

秋日夔府詠懷常時弟子傳常疑當字之譌

詠懷古跡五首古廟松杉巢鸛鶴上云野寺此不當復云古廟疑古樹之誤

諸將五首朝廷袞職雖多預注云一作誰爭補案雖多預雖似率誰爭補則小兒語矣

復愁十二首人煙生處僻處僻注云一云遠處案据此則處僻二字當倒與下新蹄對

冬深早霞隨類影隨類謂隨物象形也一本作隨淚則不可解且與下淚字複

熱三首被褐味空頻褐注一作喝案作暍是也謂中暑氣

故倉皆無味若作褐則患瘧而寒矣

朝二首　蒲帆晨初發帆字去聲使風也今與下扉字對且連蒲字則借實義

憶鄭南玭　玭蓋僧名而詩似祇言伏毒寺所在

戲作俳諧體遣悶二首　夢溪筆談據士人劉克寬案夔州圖經偁峽中人以鸕鷀捕魚謂之烏鬼然則養烏鬼謂養鸕鷀也錢箋繁偁博引證爲巫鬼之鬼何以解養字　舊識能爲態新知已暗疏寫薄俗徵而顯

過客相尋　客至罷琴書見無客之時惟以琴書自遣百

黄魚　脂膏兼飼犬長大不容身此鱘鰉魚也前俳體詩處處倉黄魚卽此　當有所指

舟出江陵南浦奉寄鄭少尹　雨洗平沙靜靜當爲淨字之譌

哭李尚書之芳　苕溪漁隱叢話据舊唐書廣德元年遣李之芳等使于吐蕃爲虜所留二年乃得歸故云奉使失張騫

贈韋七贊善　洞庭春色悲公子蝦菜忘歸范蠡船錢箋云此謂楚之洞庭也陶朱中男殺人囚於楚張華曰陶朱公家在南郡華容縣西故知非吳之洞庭也案上句南遊云云固未知其爲吳爲楚此所云范蠡船不過用五湖事耳何必實以中男殺人及陶朱家然則蒙叟之於詩果矣夫

奉酬寇十侍御錫見寄四韻復寄寇　黃帽待君偏箋引師古曰刺船之郎皆著黃帽因號曰黃頭郎也案黃帽猶言黃冠發劉郎

浦詩云黃帽青鞋歸去來此杜自謂引鄧通傳注殊覺
不倫
曝書亭集寄查德尹編修書富平李天生論少陵七言
近體一三五七句用上去入三聲必隔別之莫有疊出
者蒙闇是言與李十九武曾共宿京師逆旅誦少陵七
律惟八首與武曾言不符鄭駙馬宅宴洞中云春酒杯
濃琥珀薄誤疑茅堂過江麓自是秦樓厭鄭谷疊三入
聲江村云老妻畫紙爲棊局多病所須惟藥物疊二入
聲秋興云織女機絲虛夜月波漂菰米沈雲黑疊二入
聲江上值水云爲人性僻耽佳句老去詩篇惟漫興新
添水檻供垂釣疊三去聲題鄭縣亭子云雲斷岳蓮臨

大路巢邊野雀羣欺燕疊二去聲至日遺興云欲知趨走傷心地無路從容陪語笑疊二去聲上居云已知出郭少塵事無數蜻蜓齊上下東行萬里堪乘興疊三去聲秋盡云籬邊老卻陶潛菊雪嶺獨看西日落不辭萬里長為客疊三入聲久而覩宋元舊雕本暨文苑英華證之則過江麓作出江底多病句作賴有故人分祿米夜月作月夜漫興作漫與大路作大道語笑作笑語上下作下上西日落作西日下由是推之七月六日苦炎熱第三句用蠍字作苦炎蒸者是謝安不倦登臨費第七句用府字作登臨費者是循此說以勘五言雖長律百韻諸本字義之異可審擇而正之

案竹垞之言如此今以推之五言如登兗州城樓疊日嶽二入聲嶽一本作岱是也重過何氏其五疊徧色二入聲色一本作鬢是也奉酬贈集賢院崔于二學士疊雜闊二入聲一本猶契闊作連澒洞是也崔氏東山草堂疊靜響二上聲靜疑當作淨月夜憶舍弟疊散避二去聲避字樊作達是也歸燕疊序訪二上聲訪一本作誤是也惡樹疊有者二上聲者一本作木是也赴青城縣出成都寄陶王二少尹疊笑縣二去聲一本首句作老被樊籠役是也卜居疊海左二上聲一本左作北是也此外或有兩收之聲可以通用然二疊三疊者不少未必盡拘要不可不知故附於此

姜堯章白石道人歌曲六卷卷一皇朝鐃歌鼓吹曲十

四首琴曲一首卷二越九歌十首卷三令三十二首卷四慢二十首卷五自度曲十首卷六自製曲四首又别集一卷十八首乾隆己巳我郡張弈樞所刊自序言王子春客都門與周子耕餘過澹處汪君見陶南邨手抄本爲樓觀察敬思所珍藏者因錄副丙戌午秋耕餘以抄本見屬質之黄宮允唐堂厲孝廉樊榭陸大令恬浦重加點勘而與姚徵士鱸香商定付梓全編字畫放宋頗端秀琴曲旁箸指法越九歌旁箸律吕卷三鬲溪梅令杏花天影醉吟商小品玉梅令卷四霓裳中序弟一卷五自度曲卷六秋宵吟淒涼犯翠樓吟皆箸譜字凡箸旁譜者皆箸宮調名此板後入南蕩張氏書三味樓

飽白蟻矣同時又有揚州鉅商陸鍾徽刻本亦云出自樓敬思大略相同而歌曲之外增輯白石詩三卷詩說一卷大樂議一卷當時唱酬詩一卷亦放宋板而其譜式以意改竄每失故步此板後入江鶴亭奉宸家再歸阮文達公道光癸卯燬於火揚州別有知足知不足齋刊本字形較寬止有歌曲又有戴氏長庚所著律話全載姜詞旁譜易以正字歲乙巳文達以陸本寄示屬刊入指海乃合各本校之覺總不如張刻之善然張刻亦不能無舛誤聞世間尚有宋嘉泰刻本欲求得一校因循未遂逃難出走青沒賊中壬戌夏夏君貫甫今得此本於滬市以見詒猶張刻也攜之行篋憶前所見隨手

錄記不忍遽置姑存之因

卷一聖宋鐃歌吹曲聖宋曰作皇朝吹上脫鼓字當依目補事

製鼓辭曰導引曲十二時六州歌頭皆用羽調音節悲促案宋史樂志自天聖以來帝郊祀躬耕籍田皇太后恭謝宗廟悉用正宮導引六州十二時凡四曲其後祫享太廟亦用之大享明堂用黃鍾宮凡山陵導引靈駕獻章懿皇后用正平調仁宗用黃鍾羽神主還宮用大石調凡迎奉祖宗御容赴宮觀寺院幷神主祔廟悉用正宮惟神宗御容赴景靈宮改用道調熙甯中親祠南郊曲五奏正宮導引奉禋降仙臺祠明堂曲四奏黃鍾宮導引合宮歌皆以六州十二時然則導引十二時六州不皆用羽調與美此序不

合
上帝命十世之後乃復其天案高宗養孝宗於宮中為太祖七世孫此云十世疑字形相近而譌

淮海濁案歌云淮海濁老將戾濁字不誤宋志作淮海清誤

皇威暢百萬愁鱗濯春水濯疑躍字之譌

琴曲側商調乃以慢角轉弦取變宮變徵散聲案琴正宮調以一弦為倍徵二弦為倍羽三弦為宮四弦為商五弦為角六弦為少徵七弦為少羽乃變之遞緊五七二四六一各弦至第四變而六弦皆緊惟第三弦未緊謂之慢角調者琴家蓋以第三弦為角弦故也慢四一暉取二弦十一暉應慢六一暉取四弦十暉應琴家

以四弦爲黃鍾正徵林鍾今慢一暉則退位爲黃鍾變宮應鍾也側商卽二十八調之大石調乃黃鍾一均之商調而云側商之調久亾蓋據琴曲而言故自不同

[illegible]案左上角六字乃左手指法當作大今作六者字形相近而譌凡譜中[illegible]諸字左上角六字皆依此論

[illegible]案此疑當作[illegible]乃索鈴也本或作[illegible]律話以爲一下八吟恐非

[illegible]此字誤當作从豆再作乃從頭再作也案此下有泛聲一段所記字大略與首段同但取浮音耳蓋卽此所謂從頭再作陸本誤以此字對首段末顧字謬甚

[illegible]案此字上有正字則泛聲已止此字旣用散聲則非

泛聲當移對下段世字而下段世字所對芺字以下皆當降一格今因莀字誤入泛聲之末下段遂遞佔上一字而末段歡字所對薳又移對素字歡旁譜字遂空置校刊者宜移正

右帝舜楚調　案此章旁譜用黃太姑蕤林南應七律依後諸歌例題下當有黃鍾宮三字於二十八調爲正宮

窑窀在　文選靈光殿賦窑窀垂珠善注說文窑物在穴中貌窀亦窑也案窑窀蓋連語說文無窀字疑祇作吒因窑而加穴今窑又因窀而增口矣

右王禹吳調夾鍾宮　案此調用夾仲林南無黃太七律於二十八調爲中呂宮

壺觴有酧槃有魚　酧當作酬

右越王越調無射商　案此用無黃太姑仲

林南七律於二十八調爲越調

太南載南此載字誤近番禺陳氏聲律通考作應是右越相側商調黃鍾商案此調用律與帝舜章同於二十八調爲大石調

右項王古平調無射宮案此調與越王章同於二十八調爲黃鍾宮

白馬駃兮素繆舞駃當作駛陳本不誤汨予從天兮南逝汨當作汩

右濤之神雙調案此調用夾仲林南無黃太七律題下當有夾鍾商三字於二十八調爲雙調

右曹娥蜀側調夷則羽案此用夷無黃太夾仲林七律於二十八調爲仙呂調

右麗將軍高平調林鍾羽　案此當用林南應大太姑㽔七律而譜無大字是去變徵聲也沈存中筆談記林鍾均四調亦不及大呂而有下五則有清變徵陳本於弟二句躍旁太字作大豈別有所攷邪此於二十八調爲高平調

右旌忠中管商調南呂商　案中管商調者以南呂一均爲夷則之中管也當用南應大夾姑㽔夷七律而譜有太清疑誤

予青衿兮父爲史　予當作子陳本不誤

右蔡孝子中管般贍調大呂羽　般贍隋志作般贍即般涉調也曰中管般贍調者案張叔夏詞源列八十四調以大呂一均爲高宮而太蔟一均爲其中管蕤章大樂議則以大呂一均爲黃鍾均之中管故此調用大夾仲林夷無黃七律則太蔟一均轉爲高

宮其實一也

古今譜法案旁譜諸字合作ム詞源同疑本作ム乃合之半字也西四並作マ詞源西作⊗㋮四作メマ丅一並作一詞源丅作㊀一作一上作么亦或作ㄣ詞源作ㄣ疑本作ㄥ乃上字艸書也勾作ㄥ詞源同案此字當時樂工以配䵷賓律者以其介於ㄣ人之間故合其字形以爲記號然姜詞有旁譜者惟高平調之玉梅令及角招皆用䵷賓勾字餘譜中有ㄥ者皆形近而譌如ㄣ人ㄱマム皆易混也尺作人詞源同王工作工詞源丅作(ㄱ)工作工瓦凡作川詞源瓦作⑪凡作川六作久亦或作六詞源作幺疑本作久六艸書也王五並作め詞源王作(め)五作め王高五也卽緊五作み詞源作あ又案詞源管色應指譜有状大住力小住リ掣ㄣ折リ打諸記號此旁譜亦有ッリリㄣめカフノ等記與凡五工等諸字相亂不能悉正以待知音

篪笛折字有篪譌篪

鶯聲繞紅樓近前舞絲絲案近有上去二音無平聲此音疑誤

扇溪梅令仙呂調案仙呂調乃夷則一均之羽與越九歌曹娥章同用ㄙ𠆾合四下上尺六五𠀁好旁么ㄅ案么乃本調殺聲ソ乃拍號非ㄅ字凡旁譜有𠯗字者放此緣旁ㄣ此即一字折後放此

鷓鴣天一昨天階預賞時階疑街

杏花天影案此詞不注宮調以其所用字及殺聲推之則中呂調也是爲夾鍾一均之羽用下上尺工𠆾合四六五𠀁風旁只疑當如後段歸旁作ㄅ舞旁絲無此式疑當作ㄅ

醉吟商小品　案此詞亦不注宮調據其名偁及序云雙聲則雙調也與越九歌濤之神同是爲夾鍾一均之商用字與杏花天同　吳坰五總志馬氏南平王時有王姓者善琵琶忽夢異人傳之數曲仙家紫雲之流亞也又云此譜請元昆刊石于甲寅之方與人世異者有獨指泛清商醉吟商鳳鳴羽應聖羽之類案如姜序不過舊譜失傳偶得之於老樂工耳吳說近於妖妄

玉梅令高平調　此與越九歌龐將軍章同爲林鍾一均之羽用尺工川西四一勾五五　香旁ム　案林鍾均不用合疑當如後段花旁作八　梅旁フ　案林鍾均不用五疑誤　日旁ム案林鍾均不用上疑誤

浣溪沙弟二呼之不出 我友汪曰楨云不當作其

又弟五臘花 蠟謌臘

霓裳中序弟一 據序偁商調益夷則一均之商也用亖乙合四亖上尺六五五 叶韵處多脫拍字譜亦多淆亂無可整理

齊天樂館吟秋 矦 候謌矦

滿江紅舊詞用仄韵多不協如末句云無心撲歌者將心字融入去聲方諧音律予欲以平韵爲之 案心字融入去聲則撲字不能不轉爲平矣又案此詞前結佩字固去聲而後結影字乃上聲然則叶平韵可不拘邪

風與俱駃 筆 駛謌駃

一萼紅想垂楊還裊萬絲金 楊 楊一本作楖與前段語字合

月下笛 多情須倩梁上燕 趙聞禮陽春白雪本上作閒與前段荑字合

清波引 新詩漫與 案與字叶韵與起處同前齊天樂漫作謾見杜詩下

琵琶仙 吳都賦云戶藏烟浦家具畫舫 顧千里云此李庾西都賦見唐文粹

玲瓏四犯 漫嬴得天涯羈旅 贏譌嬴下探春慢摸魚兒兩闋同誤

解連環 小喬妙移箏 案移乃搊字之譌

喜遷鶯慢 列仙更教誰 此與前段秦淮貴人宅第句同而缺一字或移下句首做字輳韵不知此句本不須韵文義又不通而下句仍缺一字雖宋人亦有六字句者而與本詞

前後又不合

揚州慢中呂宮 案此與越九歌王禹章同是爲夾鍾一均之宮用一上尺工凡合四六五五五 竊旁又疑久字爛文前後

兩結么丂么丂 此丂疑非五字蓋一下拍後長亭怨慢兩結皆同又凡旁譜上下皆兩字者放此

淡黃柳正平調近 案此爲仲呂一均之羽用上尺工凡合四一六五

石湖仙越調 此與越九歌越王章同爲無射一均之商用凡合四一上尺工六五

暗香仙呂宮 此與下疎影皆夷則一均之宮用五凡合四一上尺六五五

惜紅衣無射宮案此即黃鍾宮也與越九歌項王章同爲無射一均之宮用字與石湖仙同

角招黃鍾角案二十八調之七角乃借用變宮此則黃鍾之正角用合四一勾尺工凡六五宋仁宗樂髓新經及詞源所列八十四調有之

哌香吟洞何薄八簫堪案史晨從碑吹作𠆤故謫爲吹然疑吹乃令字誤也此吟當爲吹

更續西湖盡是垂柳汪曰楨云西字衍校者誤以旁譜各升一字柳旁遂缺譜趙虛齋此句作昔枝上翦成萬點冰蕚止作九字可證也

徵招黃鍾徵雖不用母聲亦不可多用變徵蕤賓變宮應鍾聲案此亦黃鍾正徵不在二十八調中用字與角招同

案此詞八用合字七用

凡字五用勾字不爲少矣然無清聲只可施之琴瑟此詞又屢用六五　蔡條鐵圍山叢談時燕樂告備因作徵招角招有曲名黃河清壽香明者極韶美次膺作一詞云云案此即丁仙現所譏落韵者也晁端禮黃河清詞今見彼集與此詞句調亦略近然則姜雖自度曲實藍本舊腔耳今附於此晴景初升風細細雲疎天淡如洗檻外鳳皇雙闕蔥蔥佳氣朝罷香烟滿袖近臣報天顏有喜夜來連得封章奏天河澈底清泚君王壽與天齊馨香動上穹頻降嘉瑞大晟奏功六樂初調角徵風作轉萬花覆千官盡醉內家傳敕重開宴未央宮裡

自製曲　案自製曲與自度曲何所異必分二卷若如卷末

湘月則仍舊調過腔非特撰也

秋霄吟越調　霄當作宵越調見前　案此詞乃雙拽頭自古簾空至箭壺催曉為一疊自引涼颸至暮帆烟草為一疊旁譜皆同我友蔣敦復說同

淒涼犯如道調宮上字住雙調亦上字住所住字同故道調曲中犯雙調或於霻調曲中犯道調　案霻字誤所謂道調曲中犯雙調或於雙調曲中犯道調者雙調是夾鍾之商道調是仲呂之宮夾鍾用一上尺工𠘨合四六五五仲呂用上尺工凡合四一六五而皆住聲於上字所不同者惟凡與𠘨耳故可相犯亦曰瑞鶴仙影此與瑞鶴仙句調亦大同小異

翠樓吟霻調　霻當為雙雙調見前　情旁當如前段樓旁作

刋味下脫拍當移仗旁フ補之ムマ入各當移上一格
對仗酒祓三字愁旁幺誤合二字爲一當移ム對凊勺
對愁與前看檻曲縈紅五字同案凡前後徧除換頭外
多相同或脫落或錯互致不可辨耳姑發凡於此
湘月即念奴嬌之鬲指聲也於雙調中吹之 案雙調者夾鍾之商住聲於上
字大食調者黃鍾之商住聲於四字今云鬲指聲者方
成培云上四之間鬲一字也見所箸詞麈 案卷四目錄玲瓏
四犯注云此曲雙調世別有大石一調今卷內玲瓏四
犯下無此注而說與此序相合蓋當在此調傳者誤耳
又案碧雞漫志念奴嬌又轉道調宮高宮鬲指亦謂之過腔見
晁無咎集 案晁無咎琴趣外篇消息注自過腔即越調永遇

樂不知度入何調過腔蓋即曲家翻調

嘉泰壬辰至日刻于東巖之讀書堂雲間錢希武案宋甯宗嘉泰元年辛酉四年甲子其明年改元開禧凡三年又明年改元嘉定以迄十七年甲申無壬辰豈壬戌之誤邪錢希武雲間志無攷張奕樞亦我雲間人陶南邨樓敬思皆曾作寓公此本之流傳蓋有因也

卜算子七拆得冰鬚鬢碧蘚花·折謅拆

宋人詞集存於今者惟張子野柳耆卿分著宮調其有旁譜者惟堯章此集耳據張叔夏詞源言其父斗南名樞有寄閒集亦旁綴音譜今已不傳則此集實吉光之片羽矣其中雖錯亂脫落就其可辨處尋之猶稍能領其

音節安得好事者重刊之庶不與寄閒集同歸泯滅乎

宋人歌詞以合西四丅一上勾尺玉工凢凡配十二律以六五五五配四清聲凡十六聲今人度曲以上尺工六五配五聲以乙凡配二變而各有低聲高聲凡二十一聲然皆不能盡用也以之配字各有條理故即依旁譜歌堯章詞必不能相合也

趙彥肅所傳開元鄉飲酒十二詩譜皆一字一聲朱子譏之然堯章旁譜亦復如是今之水磨腔則有一字數聲者取其曲折盡致意即宋人所云纏聲然則朱子所謂疊字散聲者當時蓋亦有之殆以其近於繇手淫聲故不取與

今樂七字不知始於何時或舉大招四上競氣極聲變只謂即宮逐羽音之意然競氣自屬吹唱宮逐羽音見段安節琵琶錄則爲弦音恐非同義案隋志蘇祇婆論琵琶七聲六曰般贍華言五聲即羽聲也般贍即般涉五即四之高聲於次第六則以五配羽此其一證